AF533766

Roland Kaltenegger

Oberstleutnant Wilhelm Spindler

Roland Kaltenegger

Oberstleutnant Wilhelm Spindler

Vom Ritterkreuzträger des Frankreichfeldzuges zum Eichenlaubträger während der Rückzugskämpfe auf dem Balkan

FLECHSIG

Umwelthinweis:
Dieses Buch und der Umschlag wurden auf chlorfrei
gebleichtem Papier gedruckt.
Die Einschrumpffolie – zum Schutz vor Verschmutzung –
ist aus umweltverträglichem und recyclingfähigem PE-Material.

Flechsig Verlag
Internet: www.flechsigmedien.de
Internet: www.vdmedien24.de
Gesamtherstellung: VDM Heinz Nickel, Zweibrücken
ISBN 978-3-8035-0119-6

Inhalt

Prolog

Wilhelm Spindler gehörte vom ersten bis zum letzten Tag seiner militärischen Soldatenlaufbahn der 1. Gebirgsdivision an. Im Polen-, Frankreich-, Jugoslawien- und Russlandfeldzug wurde er zunächst als Zugführer und später als Kompaniechef insbesondere in der 13. Kompanie des Gebirgsjägerregiments 98 eingesetzt. Vom Juli 1943 bis zum August 1944 war er Kommandeur des Gebirgsjägerbataillons 54 auf dem Balkan und von Oktober 1944 bis zum Kriegsende des Gebirgsjägerregiments 99 während der schweren Abwehrkämpfe auf dem Balkan und in Ungarn bevor er im März 1945 verwundet wurde.

Während ihres Kampfeinsatzes im Zweiten Weltkrieg wurden 38 Angehörige der 1. Gebirgsdivision mit dem Ritterkreuz zum Eisernen Kreuz ausgezeichnet. Einer von ihnen war Wilhelm Spindler, der am 21. Dezember 1940 als Leutnant und Ordonnanzoffizier im Stab des III. Bataillons des Gebirgsjägerregiments 99 diese hohe Auszeichnung erhielt.[1] In der Verleihungsbegründung hieß es unter anderem:

„Am 17. Mai 1940 nachmittags kämpfte die 13. Kompanie, bei der sich auch der Bataillonskommandeur befand, erbittert um das Dorf Mondrepuis, von dem aus der Franzose in hartnäckigen Angriffen gegen die große Straße Hirson – La Capelle immer wieder vorstieß, um dort den Nachschub der vorausfahrenden Panzerdivisionen zu unterbinden. Der Erfolg des außerordentlich tapferen und umsichtigen Eingreifens des Leutnants Spindler war, dass eine gefährliche feindliche Umgehung, die nicht nur gegen Mondrepuis, sondern auch gegen die große Vormarschstraße unmittelbar dahinter gerichtet war, vereitelt wurde und ein zäher tapferer Gegner durch außerordentlich geschicktes Verhalten in die Flucht getrieben wurde."

Mit dem begehrten Eichenlaub zum Ritterkreuz des Eisernen Kreuzes wurden nur drei Angehörige der Stammdivision der deutschen Gebirgstruppe ausgezeichnet – und zwar der Generalleutnant Hubert Lanz am 23. Dezember 1942 als Kommandeur der 1. Gebirgsdivision und der Major Harald von Hirschfeld am selben Tag als Kommandeur des II. Bataillons des Gebirgsjägerregiments 98[2] sowie der Oberstleutnant Wilhelm Spindler als Kommandeur des Gebirgsjägerregiments 99 am 31. Januar 1945 für seinen Kampfeinsatz um eine beherrschende Höhe. In einer Verlautbarung aus dem Führerhauptquartier hieß es hierzu am 6. Februar 1945:[3]

„Der Führer verlieh am 31. Januar 1945 das Eichenlaub zum Ritterkreuz des Eisernen Kreuzes an Major Wilhelm Spindler, Führer des Füssener Gebirgsjägerregiments 99, als 718. Soldat der Deutschen Wehrmacht. Major Spindler hat südlich des Plattensees, als die Bolschewisten, in Divisionsstärke angreifend, eine beherrschende Höhe genommen hatten, durch persönlichen Einsatz einen Durchbruch des Feindes verhindert. Aus eigenem Entschluss riss er dann seine Gebirgsjäger zum Gegenangriff vor, stürmte an ihrer Spitze die Höhe und warf die Sowjets zurück. Er wurde für diese Tat am 22. Dezember 1944 mit seinem Regiment im Nachtrag zum Wehrmachtsbericht genannt."[4]

Das Foto zeigt das Ärmelabzeichen der Gebirgstruppe.

Von der Hitlerjugend zu den Gebirgsjägern

Wilhelm Eberhard Spindler wurde am 5. Juli 1914 nur knapp zwei Monate vor dem Ausbruch des Ersten Weltkrieges in Stuttgart geboren.

Die Hauptstadt von Württemberg – Sitz der Gauleitung der NSDAP und des Reichsstatthalters – war ursprünglich eine Weingärtnerstadt in der Senke eines sonnigen Talkessels, an einem von Südwesten zur Handelsstraße am Neckar führenden Weges. Sie hat im Wandel der Zeiten die Höhenzüge ringsum mit Gärten, Villen und Dörfern, wie Degerloch und Ortschaften am Neckar, wie Bad Cannstatt, Türkheim und andere mehr, eingemeindet und ist somit eine der schönsten und lebendigsten deutschen Großstädte geworden, die durch seine Fürsten und sein Bürgertum stetig gewachsen ist.

Neben der gotischen Stiftskirche, dem Wahrzeichen von Stuttgart, und dem jüngeren Prinzenbau in der Nähe des Marktes, wo ringsherum Gassen mit Giebeln und Erkern das malerische Stadtbild des Mittelalters hervorzaubern, erhielt die Metropole unter Karl Eugen, dem Zögling Friedrichs des Großen, der das elegante Neue Schloss an einem der schönsten europäischen Plätze – sowie draußen im Wald die „Solitude", der späteren Stuttgarter Amtsvilla des Ministerpräsidenten von Baden-Württemberg – anlegte, das Gepräge einer weiträumigen Stadtanlage des Absolutismus.[5]

Spindlers Vaterstadt war zu seinen Lebzeiten nicht nur der Sitz der Gauleitung der Nationalsozialistischen Partei, sondern auch ein Hort der nationalsozialistischen Jugendorganisation der Hitlerjugend (HJ). Bereits ab 1922 bekannten sich Jugendgruppen – wie der Jungssturm Adolf Hitler in München unter Adolf Lenk – zum Nationalsozialismus. Die bedeutendste unter ihnen war die Großdeutsche Jugendbewegung in Plauen unter Kurt Gruber. Auf dem Reichsparteitag der NSDAP im Sommer 1926 in Weimar erhielten die rund 300 Mitglieder umfassenden Jugendgruppen den Namen „Hitlerjugend".

Parallel zur HJ bildeten sich zunächst selbstständig der NS-Studentenbund (NSB), der NS-Schülerbund (NSS), die NS-Berufsschulorganisation (NSBSO) und der Bund Deutscher Mädel (BDM), die mit Ausnahme des NSB später in der HJ aufgingen. Am 30. Oktober 1931 wurde Baldur von Schirach Reichsjugendführer der NSDAP. Als sich am Reichsjugendtag gegen „Marxismus und Reaktion" am 1./2. Oktober 1932 in Potsdam über 100.000 Jungen und Mädels versammelten, hatte die HJ den Durchbruch zur größten deutschen Jugendorganisation geschafft, in der Wilhelm Spindler bis zum HJ-Führer aufstieg.[6]

Der Führungsgrundsatz der HJ war nach den Worten Adolf Hitlers: „Jugend muss von Jugend geführt werden!" Die HJ kannte keine Klassen- oder Standesgrenzen und gebrauchte vom „Pimpf" bis zum Reichsjugendführer das kameradschaftliche „Du", das schon in der traditionsreichen k. u. k. Armee das Zusammengehörigkeitsgefühl zwischen den militärischen Rängen festigte. Das Gesetz über die Hitlerjugend vom 1. Dezember 1936 hatte folgenden Wortlaut:

"Von der Jugend hängt die Zukunft des deutschen Volkes ab. Die gesamte deutsche Jugend muss deshalb auf ihre künftigen Pflichten vorbereitet werden. Die Reichsregierung hat daher das folgende Gesetz beschlossen, das hiermit verkündet wird:

§ 1. Die gesamte deutsche Jugend innerhalb des Reichsgebietes ist in der Hitlerjugend zusammengefasst.

§ 2. Die gesamte deutsche Jugend ist außer in Elternhaus und Schule in der Hitlerjugend körperlich, geistig und sittlich im Geiste des Nationalsozialismus zum Dienst am Volk und zur Volksgemeinschaft zu erziehen.

§ 3. Die Aufgabe der Erziehung der gesamten deutschen Jugend in der Hitlerjugend wird dem Reichsjugendführer der NSDAP übertragen. Er ist damit „Jugendführer des Deutschen Reiches". Er hat die Stellung einer Obersten Reichsbehörde mit dem Sitz in Berlin und ist dem Führer und Reichskanzler unmittelbar unterstellt.

§ 4. Die zur Durchführung und Ergänzung dieses Gesetzes erforderlichen Rechtsverordnungen und allgemeinen Verwaltungsvorschriften erlässt der Führer und Reichskanzler. [...]"

Das „Handbuch für die Hitlerjugend" verfasste kein geringerer als der spätere erste Präsident der Bayerischen Bereitschaftspolizei Josef Remold mit strammer Manneszucht. Zum 10. Jahrestag dieser von ihm nach dem Zweiten Weltkrieg aufgebauten „paramilitärischen Bereitschaftspolizei" wurde auch er mit dem bei diesen Anlässen verliehenem obligatorischen Bayerischen Verdienstorden ausgezeichnet.

Nachdem Wilhelm Spindler auf den Höhen der Schwäbischen Alb und des Schwarzwaldes seine Liebe zu den Bergen entdeckt hatte, zog es ihn in das nicht allzu weit entfernte Allgäu mit seiner imposanten Bergkulisse, den Allgäuer Alpen. Am 31. Oktober 1935 trat er als Freiwilliger in die 1. Kompanie des Gebirgsjägerregiments 99 im Standort Kempten ein. Dort wurde ihm seine Dienstzeit bereits mit Wirkung vom 1. Oktober angerechnet. Sein Regimentskommandeur war der allseits beliebte Eduard Dietl, der bis auf den heutigen Tag als Symbolfigur der deutschen Gebirgstruppe gilt.[7]

Im Rahmen der deutschen Aufrüstung, die nach Hitlers Machtübernahme ständig forciert wurde, wurde auch die Gebirgsbrigade unter Ludwig Kübler, dem Bauherrn der Gebirgstruppe der Wehrmacht, aufgestockt – durch gebirgstaugliche Offiziere, Unteroffiziere und Mannschaften der in das Heer überführten Bayerischen Landespolizei.

Die Aufstockung erfolgte ebenfalls durch die Reaktivierung von Teilnehmern des Ersten Weltkrieges und durch bergbegeisterte Freiwillige aus dem gesamten Reichs-

Handbuch für die Hitler-Jugend

(I. Teil)

Bearbeitet und zusammengestellt durch

Pol.-Oblt. J. Remold

im Auftrage der

Gebietsführung Hochland

Zeichnungen von H.-J. M. Ackermann

1933

Jos. C. Hubers Verlag / Diessen vor München

Das „Handbuch für die Hitler-Jugend" wurde bearbeitet und zusammengestellt von dem späteren ersten Präsidenten der Bayerischen Bereitschaftspolizei Josef Remold.

gebiet; insbesondere jedoch aus Bayern, aber auch aus Württemberg sowie aus dem Rheinland und Westfalen.

Aus den vorhandenen Bataillonen und je einem Bataillon der Bayerischen Landespolizei wurden die Gebirgsjägerregimenter 99 und 100 gebildet. Mit der Aufstellung des dritten Gebirgsjägerregiments 98 erweiterte sich der bis dahin als Gebirgsbrigade geführte Verband zur 1. Gebirgsdivision. Offiziell geschah dies am 1. April 1938 durch einen Funkspruch des Kommandierenden Generals des VII. Armeekorps in München, General der Infanterie Eugen Ritter von Schobert."[8]

Der Auf- und Ausbau der Stammdivision der deutschen Gebirgstruppe wirkte sich selbstverständlich auch positiv auf die nun sprunghaft erfolgenden Beförderungen im Offizierskorps aus. Nun wurden auch all jene Offiziere ge- und befördert, die einerseits aufgrund des beschränkten Stellenkegels im Hunderttausend-Mann-Heer der Reichswehr nicht zum Zuge gekommen waren und die andererseits durch eine erkennbare nationalsozialistische Ausrichtung für den richtigen Schwung in den neuen Streitkräften sorgten. Es begann also die Zeit der militärischen Karrieren. Hiervon profitierte unter anderem auch der Regimentskommandeur Eduard Dietl sowie sein Bataillonskommandeur Georg Ritter von Hengl, der am 1. März 1936 zum Major befördert und am 6. Oktober desselben Jahres zum Kommandeur des III. Bataillon des Gebirgsjägerregiments 99 in Sonthofen ernannt wurde. Der Regimentskommandeur Dietl ist vier Jahre später als „Held von Narvik" in die Annalen der Militärgeschichte eingegangen.

Unter Hengls zielsicherer Führung in Ausbildung, Geist und Einsatzfreude erreichte das III. Gebirgsjägerbataillon sehr schnell einen Stand, der als vorbildlich galt. Offiziere, Unteroffiziere und Mannschaften schauten in Verehrung auf ihren Kommandeur, der in allen Dienstbereichen jede Anstrengung sowohl während der alpinen Sommer- und Winterausbildung als auch im militärischen Skilauf mit seinen Gebirgsjägern unter den kritischen Blicken des Kommandeurs der übergeordneten Gebirgsbrigade teil.[9] Nicht umsonst forderte Oberst Ludwig Kübler: „Aus dem Kampfe mit den Naturgewalten der Berge erwachsen dem Soldaten trotzige Härte, kühner Mut und treue Kameradschaft. So ist die Schule am Berge eine Quelle deutschen Mannestumes und die beste Vorbereitung auf den Krieg."[10] Im Einzelnen sahen Spindlers militärische Stationen in Dietls Gebirgsjägerregiment 99 folgendermaßen aus:

20. 05. 1937 – 26. 05. 1937	Ausbildung in Erster Hilfe bei Unglücksfällen und plötzlicher Lebensgefahr beim I. Bataillon/Gebirgsjägerregiment 99
06. 09. 1937	für ein 3. Dienstjahr verpflichtet

Zwar stand offiziell nach wie vor die Berg- und Skiausbildung sowie die Gebirgs- und Winterkampfausbildung an erster Stelle, aber unter dem Einfluss des ehemaligen

Kapp- und Hitler-Ludendorff-Putsch-Teilnehmers steigerte sich auch das nationalsozialistische Kolorit im Offizierskorps des Standortes Kempten, denn er sorgte für den Rechtsdrall bei seinen Offizieren und Unteroffizieren. Man kann genauso gut sagen, unter seinem Kommando wurde so manch einer, der zuvor distanziert oder gar ablehnend gegenüber dem Nationalsozialismus gestanden hatte, infiziert oder überzeugt.

Unter besagten Offizieren befand sich auch der spätere Generalfeldmarschall Ferdinand Schörner, der erst während seiner Kemptner Reichswehrzeit zum überzeugten Nationalsozialisten wurde. Denn er, der in Bezug auf Beförderungen nicht gerade verwöhnt worden war, hatte inzwischen erkannt, dass in einer Armee oder Ministerialbürokratie nicht der blitzgescheite und hochintelligente Individualist oder gar der Intellektuelle etwas wird, sondern meist derjenige Durchschnittstyp, der sich nicht ständig gegen seine selbstgefälligen Vorgesetzten auflehnt oder gar gegen den Strom der einfältigen Masse stemmt. Schörner blieb nicht verborgen, wie Dietl erfolgreich um die Gunst der SA- und NS-Größen buhlte, wenn diese im Allgäu auftauchten.

So war Eduard Dietl in Sachen Nationalsozialismus der umtriebige Lehrmeister seines Offiziers- und Unteroffizierskorps. Dietls nationalsozialistisches Engagement als Bataillonskommandeur in der altehrwürdigen Metropole des Allgäus ging sogar soweit, dass er nach der Machtübernahme der Nationalsozialisten mit seinem Schlägertrupp – allesamt Gebirgsjäger in Zivil – sogleich den frei gewählten Oberbürgermeister Dr. Merkt regelrecht aus dem Rathaus prügelte.

Dietl war jedoch beileibe nicht der einzige prominente Gebirgssoldat, der mit der Sturmabteilung sympathisierte und paktierte. Vielmehr waren er und seine nationalsozialistisch gesinnten Kameraden nur die Spitze eines Eisberges. Unter anderem erfahren wir von Oberst a. D. Hans Roschmann, einst Jäger des Kemptener Gebirgsjägerbataillons, später in der Bundeswehr in hohen NATO-Stäben eingesetzt, höchstpersönlich, dass er „die militärische Ausbildung der SA-Führer in Kempten durchgeführt hatte.[11] Aber auch der 1. Generalstabsoffizier der 1. Gebirgsdivision der Wehrmacht und spätere Kommandeur der 1. Gebirgsdivision der Bundeswehr sowie der Kommandierende General des II. Korps, Karl Wilhelm Thilo, hatte, so wie Roschmann, auch einen Ausbildungskurs für SA-Führer geleitet. [12]

Doch damit nicht genug: Auch nach der Entmachtung der SA hatten die Gebirgsjäger der Wehrmacht nach Roschmann „ein recht freundschaftliches Verhältnis zu den Angehörigen der SA, auch in unserem neuen Standort Bad Reichenhall; wir veranstalteten gemeinsame Skiwettkämpfe, Kameradschaftsabende und so weiter. Einige Schwierigkeiten bereitete uns lediglich die dann angeordnete Eingliederung von Angehörigen der Organisation des Chef-AW der SA." Denn, so der spätere Oberst der Bundeswehr, „diese waren meist nur mäßig ausgebildet."[13]

Das alles zur Kenntnis zu nehmen und zu berücksichtigen, ist sehr wichtig in Bezug auf den Aufbau und die Ausbildung sowie die ideologische Ausrichtung der deutschen Gebirgstruppe. Denn nicht nur zwischen der SA und der Gebirgstruppe der Reichswehr und Wehrmacht einerseits und der Waffen-SS andererseits, sondern auch zwischen der NS-Organisation der Hitlerjugend und den Männern mit dem Edelweiß an der Uniform fand ein intensiver gegenseitiger Austausch statt, sodass erfahrene Gebirgsjäger die begeisterten Hitlerjungen im Bergsteigen ausbildeten und für einen Kampfeinsatz vorbereiteten.

Wegen des schmalen Planstellenkegels im Einhunderttausend-Mann-Heer der Reichswehr waren viele nationalsozialistisch ausgerichtete Offiziere nicht richtig zum Zug gekommen. Das änderte sich schlagartig mit der Machtübernahme Hitlers am 30. Januar 1933 und dem Auf- und Ausbau der Wehrmacht, von dem zweifellos die Gebirgstruppe profitierte. Hier sorgten neben Ludwig Kübler und Ferdinand Schörner sowie Eduard Dietl und Carl von Le Suire auch der ehemalige SS-Obersturmbannführer Georg Ritter von Hengl und andere linientreue Nationalsozialisten für den „richtigen Schwung" im Offizierskorps. Denn wie bei der Wehrmacht, so wurde auch bei dieser Elitetruppe „Schritt für Schritt Boden preisgegeben vor dem hereindringenden und hereinsickernden nationalsozialistischen Ideengut."[14]

Aufgrund ihrer ideologischen Ausrichtung erhielten sowohl Eduard Dietl als auch Ferdinand Schörner eines jener Gebirgsjägerregimenter, die schon sehr schnell zur Elite der deutschen Gebirgstruppe zählten. Dietl bekam das Gebirgsjägerregiment 99 in Füssen und Schörner das Gebirgsjägerregiment 98 in Mittenwald. Infolge der Aufstockung der Gebirgsbrigade durch ein drittes Gebirgsjägerregiment erfolgte für den am 1. Oktober 1937 überplanmäßig zum Feldwebel beförderten Wilhelm Spindler ein paar Tage später am 12. Oktober seine Versetzung in die 1. Kompanie des neuen Gebirgsjägerregiments 98 in den Geigenbauort Mittenwald.

Eine Zeichnung des Ritterkreuzträgers
Wilhelm Spindler.

Wilhelm Spindler bei der HJ: „Ich verspreche, in der Hitler-Jugend allzeit meine Pflicht zu tun in Liebe und Treue zum Führer und unserer Fahne, so wahr mir Gott helfe!"

Erfahrene Gebirgsjäger bildeten auch Hitlerjungen im Bergsteigen aus.

Bergmarsch der Hitlerjungen in den Ammergauer Alpen.

Fahnenabordnung der Gebirgstruppe.

Vom Allgäu in das Werdenfelser Land

Im Oktober 1937 wurde das Gebirgsjägerregiment 98 in Mittenwald mit dem Stab, der 13. Minenwerfer- und der 14. Panzerabwehrkompanie aufgestellt. Hierfür gaben die bereits aufgestellten Gebirgsjägerregimenter 99 und 100 entsprechendes Stammpersonal ab. Aus dem I. Bataillon des Gebirgsjägerregiments 99 und aus dem II. Bataillon des Gebirgsjägerregiments 100 wurden das I. beziehungsweise II. Bataillon des Gebirgsjägerregiments 98 unter dem tatendurstigen Oberstleutnant Ferdinand Schörner.

Sein Regiment unterstand der Gebirgsbrigade, später 1. Gebirgsdivision des Generals Ludwig Kübler. Ihr gehörten noch die Gebirgsjägerregimenter 99 in Füssen und Sonthofen und das in Degerndorf-Brannenburg, Berchtesgaden, Bad Reichenhall und Laufen an der Salzach beheimatete Gebirgsjägerregiment 100 an. Ferner das Gebirgsartillerieregiment 79, die Gebirgspanzerabwehrabteilung 44, das Gebirgspionierbataillon 54, die Gebirgsnachrichtenabteilung 54, die Gebirgssanitätsabteilung 41 sowie die entsprechenden Divisions- und Versorgungseinheiten.

Am 13. November 1937, es war ein Sonntag, zog Schörners elitäres Gebirgsjägerregiment 98 offiziell im malerischen Mittenwald ein. In der Bahnhofstraße marschierten die Kommandeure und Kompaniechefs mit ihren Gebirgsjägern und den Tragtieren mit stolz geschwellter Brust an dem General der Infanterie Eugen Ritter von Schobert, seinerzeit Kommandierender General des VII. Armeekorps und Befehlshaber im Münchner Wehrkreiskommando VII, an Oberst Kübler, dem Kommandeur der Gebirgsbrigade, sowie an zahlreichen Ehrengästen vorbei. Ein Kameradschaftsabend in der örtlichen Turnhalle vereinte dann nach den offiziellen Feierlichkeiten die Bevölkerung mit ihren neuen Edelweißsoldaten zu Füßen des Karwendelgebirges. Tags zuvor hatte Schörner den Regimentstagesbefehl Nr. 1 vom 12. Oktober 1937 erlassen, der folgenden Wortlaut hatte:

„Mit dem heutigen Tag übernehme ich das Kommando über das neu gebildete Gebirgsjägerregiment 98. Ich begrüße das Offizierskorps und die Beamten des Regiments sowie sämtliche Unteroffiziere und Mannschaften. Ich erwarte, dass sich alle Soldaten des Regiments mit dem Tage seiner Gründung als geschlossenes Ganzes fühlen und zu jedem Einsatz bereit sind.

Wir werden weiterbauen auf der in den Regimentern 99 und 100 geleisteten Arbeit, deren Grundlage die erprobte Schulung unseres alten Gebirgsjägerregiments 19 war. Über allem aber stehen richtungsweisend die Kriegserfahrungen des Deutschen Alpenkorps.

Jede Ausbildung in der Kaserne, im Felddienst und im Gebirge hat sich den kriegerischen Forderungen unterzuordnen. Der Geist der Kameradschaft und ein bedingungsloser militärischer Gehorsam bilden die Grundpfeiler, auf denen unser Regiment aufgebaut wird. Im Glauben an Deutschland und in unerschütterlicher Treue zum Führer und Obersten Befehlshaber, dem auch unser Regiment seine Gründung verdankt, setzen wir unsere soldatische Arbeit fort."

Das Ziel und der Weg des elitären Gebirgsjägerregiments 98 waren damit festgeschrieben. Aufgrund ihrer im Ersten Weltkrieg gewonnenen Erfahrungen im Gebirgskrieg in den Dolomiten und den Karpaten, auf dem Balkan und am Isonzo waren der Regimentskommandeur und ein Großteil seiner Offiziere und Unteroffiziere in besonderem Maße mit der Tradition des Deutschen Alpenkorps sowie der traditionsreichen Kemptener Gebirgsjäger verwurzelt. Der Geist und die Erfahrungen aus dem Weltkrieg und des Einhunderttausend-Mann-Heeres gingen nun nahtlos in das neue Gebirgsjägerregiment 98 ein. „Die ersten Monate der Geschichte des Regiments waren seinem planmäßigen einheitlichen Aufbau gewidmet", heißt es in der von Schörner angeregten Regimentschronik. „Hierbei stand die Ausbildung der am 5. November 1937 eingetretenen, am 10. November 1937 als erste unter der Regimentsflagge 98 vereidigten Rekruten im Vordergrund. Ziel und Richtung der Ausbildung wurden bestimmt durch die Forderung, echte Feldsoldaten aus den Rekruten zu erziehen, unter Hintanstellung jedes übertriebenen formalen Dienstes."[15]

Diese gesunde Mischung aus elitärem Bewusstsein, strenger Dienstauffassung und hohen militärischen Anforderungen und Führungseigenschaften haben Schörners Gebirgsjägerregiment 98 und seine Kommandeure, Führer und Unterführer derart geprägt, dass zum einen der Befehlshaber im Wehrkreis VII, der Generaloberst Wilhelm Adam, die Uniform dieses Regiments mit den Abzeichen eines Generals trug. Zum anderen sind aus den Reihen des Gebirgsjägerregiments 98 nicht weniger als sechzehn Ritterkreuzträger des Eisernen Kreuzes hervorgegangen. Unter ihnen befand sich der spätere Generalfeldmarschall Ferdinand Schörner, der mit dem dreiundzwanzigsten Eichenlaub mit Schwertern und Brillanten zum Ritterkreuz des Eisernen Kreuzes ausgezeichnet wurde, sowie neben Peter Grübl die Ritterkreuzträger Michael Pössinger, Wilhelm Spindler, Josef Salminger, Harald von Hirschfeld, Egbert Picker, Alois Eisl, Carl Rall und viele andere namhafte Führer und Unterführer der deutschen Gebirgstruppe.

Im Einzelnen sahen die militärischen Stationen Wilhelm Spindlers im elitären Gebirgsjägerregiment 98 folgendermaßen aus:

10.07.1938 – 10.08.1938	zur Kriegsschule Dresden kommandiert
01.09.1938 – 12.09.1938	Zugführer in der 18. (E) Kompanie/Gebirgsjägerregiment 98
10.11.1938 – 08.09.1939	Zugführer in der 13. Kompanie/Gebirgsjägerregiment 98 (Erkennungsmarke: -2- 13./Geb.Jäg.Rgt. 98), Rekrutenoffizier

09.09.1939 – 18.09.1939	Führer 6. Kompanie/Gebirgsjägerregiment 98
19.09.1939 – 17.10.1939	Zugführer in der 6. Kompanie/Gebirgsjägerregiment 98
18.10.1939 – 04.11.1939	Führer 11. Kompanie/Gebirgsjägerregiment 98
05.11.1939 – 26.11.1939	Zugführer in der 13.Kompanie/Gebirgsjägerregiment 98
27.11.1939 – 07.01.1940	Zugführer in der 11. Kompanie/Gebirgsjägerregiment 98
08.01.1940 – 27.03.1940	Führer des Regimentnachrichtenzuges/Gebirgsjägerregiment 98
27.03.1940 – 14.04.1940	Kompanieführer-Kurs in Koblenz
28.03.1940 – 18.01.1941	Ordonnanzoffizier Stab III. Bataillon/Gebirgsjägerregiment 98
19.01.1941 – 10.08.1942	Chef 13. Kompanie/Gebirgsjägerregiment 98
22.06.1941 – 16.07.1941	infolge Verwundung bei Oleszyce im Lazarett
15.09.1941	verwundet
11.08.1942 – 08.09.1942	Führer der Hochgebirgskompanie der 1. Gebirgsdivision
09.09.1942 – 12.09.1942	Führer III. Bataillon/Gebirgsjägerregiment 98
13.09.1942 – 19.10.1942	Chef 13. Kompanie/Gebirgsjägerregiment 98
20.10.1942 – 21.03.1943	krank; dem Ersatztruppenteil wirtschaftlich zugeteilt

Nach dem Abschluss der Aufstellungsphase wurden die Gebirgsjägerbataillone und Kompanien mit ihren Offizieren, Unteroffizieren und Mannschaften in den schön gelegenen Gebirgsstandorten untergebracht. So wurde das III. Gebirgsjägerbataillon in Mittenwald, das I. Gebirgsjägerbataillon in Garmisch-Partenkirchen und das II. Gebirgsjägerbataillon in Lenggries stationiert. Das Ersatzbataillon bezog Quartier in Memmingen im Voralpenland.

In der Gebirgstruppe der Wehrmacht waren alle Waffengattungen des Heeres vertreten. Somit konnte die 1. Gebirgsdivision die gleichen Aufgaben wie die Infanterie- oder die Jägerdivisionen erfüllen. In ihr gab es also die drei tragenden Waffengattungen Gebirgsjäger, Gebirgsartillerie und Gebirgspioniere. Hinzu kamen unter anderem noch die Nachrichtentruppe, die Panzerjägertruppe, die Aufklärungstruppe und der Nachschub. Die Gebirgssoldaten all dieser Waffengattungen mussten selbstverständlich den hohen körperlichen Anforderungen des Gebirgsdienstes gewachsen, mit den Besonderheiten des Gebirges vertraut, aber auch besser ausgerüstet sein, um ihre zuweilen besonders schwierigen Aufgaben optimal erfüllen zu können.

Wie aber sah nun für Spindler und seine Kameraden die Ausbildung aus, die an die Gebirgssoldaten hohe Anforderungen stellte?

Der Einzelausbildung folgten die Gruppen- und Zugausbildung im Gefechtsdienst sowie die Übungen im Bataillons- und Regimentsrahmen. Im Mittelpunkt der Gebirgsausbildung stand dabei die gründliche Einzel- und Gruppenausbildung, die durch Leistungsmärsche, die unabhängig von der Witterung durchzuführen waren, ergänzt wurde. Denn Gebirgsjäger kämpfen überwiegend zu Fuß und müssen daher mit dem Gelände besonders vertraut sein. Ihnen wurden somit bereits während der Ausbildung hohe physische und psychische Leistungen abverlangt, um sie für die differenzierten Aufgaben des Einsatzes im Gebirge gründlich vorzubereiten.

Von seinem Gebirgsstützpunkt im Karwendelgebirge, den er von der Porta Claudia aus als eine Art Kaserne erbauen ließ, achtete Oberstleutnant Ferdinand Schörner peinlich genau darauf, dass seine Gebirgsjäger den hohen körperlichen Anforderungen des Gebirges auch gewachsen und mit seinen Besonderheiten vertraut waren, um ihre schwierigen Aufgaben in Friedens- und ihren Kampfauftrag in Kriegszeiten optimal erfüllen zu können. Aus diesem Grund ist es sicherlich angebracht, wenn wir uns die Stellebesetzung von seinem ureigenen, nach seinen Zielvorstellungen geformten Gebirgsjägerregiment 98 nach dem Stand vom 3. Januar 1939 an dieser Stelle ansehen:[16]

Oberstleutnant Ferdinand Schörner
führte am 3. Januar 1939 das Gebirgsjägerregiment 98

H. Gru. 3
VII. A. K.
1. Geb. Div.

Gebirgsjägerregiment 98

R. St., III. Btl. u. 16. (PzAbw)Kp.: Mittenwald, I. Btl.: Garmisch-Partenkirchen,
II. Btl.: Lenggries, E. Btl.: Memmingen

Kommandeur: Obstlt. **Schörner** 1. 3.37 (5)

Obstlt. **Picker**	1. 1.38	(12)	II
Maj. **Kaiser** (J. R. 134)	1. 6.35	(39)	III
" (E) **Freiherr von Gise** (Psych. Prüfst. VII)	1. 9.35	(13)	E
" **Aldrian** (Geb. Jäg. R. 100)	1.10.36	(142)	I

Hptm. **Telebo** (J. R. 135)	1. 6.34	(245)	St II
" **Zorn** (Gen. St. d. H.)	1. 7.34	(2)	1
" **Juen**	1. 8.34	(58)	2 (E)
" **Kostanjec**	1.11.34	(51)	4 (schw)
" **Velhorn**	1.12.34	(17)	St I
" **Fleischmann**	1. 5.35	(241)	4 (EMG)
" **Dauner**	1. 5.35	(50)	2
" **Wölfinger**	1. 1.36	(10)	RAdj
" **Baumgartner** (Geb. Jäg. R. 99)	1. 8.36	(21)	8
" **Salminger**	1.10.36	(110)	12
" **Scanzoni von Lichtenfels**	1. 1.38	(72)	11
" **Merxmüller**	1. 3.38	(10)	6
" **Hohe**	1. 3.38	(140)	14 (schw)
" **Übelhack**	1. 4.38	(55)	3
" **Neumayr**	1.10.38	(96)	15 (St)
Oblt. **Bader**	1.10.35	(129)	5 (St)
" **Schirmer** (Geb. Jäg. R. 99)	1.10.35	(170)	7
" **Kozubowski** (Geb. Jäg. R. 136)	1.10.35	(305)	9 (schw)
" **Artmann**	1. 6.38	(65)	13
" **Leeb**	1.10.38	(147)	RSt
" **Jacob**	1.10.38	(259)	1 (E)
Lt. **Mayr**	1. 4.36	(229)	Adj III
" **Süßmann**	1. 4.36	(257)	10 (St)
" **Thumser**	1. 4.36	(547)	16 (PzAbw)
" **Herterich** (Geb. Jäg. Rgt. 99)	1. 4.36	(1023)	Adj E
Lt. **Daumiller**	1. 9.36	(5)	Adj I
" **Edler von Braun**	1.10.36	(3)	14 (schw)
" **Nordhoff**	1. 4.37	(1079)	5 (St)
" **Niessner**	1. 4.37	(1672)	2
" **Wildzeisz**	1. 4.37	(1708)	10 (St)
" **Praxmarer**	1. 4.37	(1721)	1 (E)
" **Kofler**	1. 4.37	(1756)	8
" **Jäger** (Geb. Jäg. Rgt. 99)	1. 4.37	(1757)	4 (EMG)
" **Honigmann**	1. 9.37	(4)	16 (PzAbw)
" **Küspert**	1. 1.38	(6)	11
" **Laßkorn**	1. 1.38	(164)	9 (schw)
" **Dietzel**	1. 1.38	(439)	1
" **Lucas**	1. 1.38	(486)	14 (schw)
" **Seidel**	1. 1.38	(995)	4 (schw)
" **Koch**	1. 1.38	(1144)	10 (St)
" **von Hirschfeld**	1. 1.38	(1794)	Adj II
" **Spindler**	1.10.38	(66)	13
" **Schlicht**	1.10.38	(154)	12
" **Beyer** Ern.	1. 9.38	(362)	3
" **Feser** Ern.	1. 9.38	(478)	2
" **Geyer** Ern.	1. 9.38	(507)	12
" **Freiherr von Hertling** Ern.	1. 9.38	(676)	6
" **Braun** Ern.	1. 9.38	(792)	15 (St)
" **Neuner** Ern.	1. 9.38	(822)	7
" **Willer** Ern.	1. 9.38	(933)	9 (schw)
" **Nusser** Ern.	1. 9.38	(1053)	11
" **Esterer** Ern.	1. 9.38	(1124)	1
" **Baumann** Ern.	1. 9.38	(1573)	2 (E)

Rgt. Vet.: St. Vet. Dr. **Schmidt** (Hermann) 1. 4.34 (2) RSt

Ob. Vet. **Selinger** (J. R. 63) 1. 7.38 (9) II

Unt. Vet. Dr. **Haydn** (Geb. A. R. 79)

Die Uniform des Regiments mit den Abzeichen eines Generals trägt:

Gen. Oberst z. V. **Adam** Char. 1. 1.39

Gliederung und Stellenbesetzungen des Gebirgsjägerregiments 98.

Der „Blumenkrieg“ gegen Österreich

Während Spindler von Woche zu Woche zusehends mit dem Gebirgsjägerregiment 98 verschmolz und eine Einheit wurde, verschärfte sich jenseits des Wetterstein- und Karwendelgebirges der deutsch-österreichische Konflikt wegen des ungelösten Anschlussgedankens, der sich nicht nur in den Köpfen der Alldeutschen festgesetzt hatte, von Tag zu Tag.

Im Frühjahr 1938 war es schließlich soweit: Hitlers Griff über die bayerisch-tirolische Grenze stand unausweichlich vor der Tür. In den Sog dieser militärpolitischen Operation, die in Anspielung auf den steckbrieflich verfolgten österreichischen Erzherzog Otto von Habsburg „Otto“ genannt wurde, gerieten auch Küblers Gebirgsbrigade mit dem Gebirgsjägerregiment 98.

Der Aufmarschplan gegen das Bruderland hatte die Kommandeure noch vor dem Abschluss der Winterausbildung erreicht. Vorausgegangen war eine Teilmobilisierung des VII. Armeekorps unter dem General der Infanterie Eugen Ritter von Schobert, des XIII. Armeekorps unter dem General der Kavallerie Maximilian Freiherr von Weichs und des Kommandos der Panzertruppen unter dem Generalleutnant Heinz Guderian mit insgesamt 105.000 Mann, die in der 8. Armee des Generalobersten Fedor von Bock zusammengefasst wurden.

Dann rückte das Gebirgsjägerregiment 98 mit der II. Abteilung des Gebirgsartillerieregiments 79 aus dem Raum Mittenwald – Jachenau – Wallgau zur Besetzung Innsbrucks vor. Ihm gegenüber lag die Innsbrucker Division Nr. 6, der „nach alter Waffentradition Tirols unter Heranziehung aller bewaffneten Organisationen des Landes das Ziel gesteckt war, die Räume Tirol und Vorarlberg zu verteidigen.“[17] Für seinen Einmarsch wurde dem Regimentskommandeur Schörner noch ein Sturmbann des SS-Totenkopfverbandes „Dachau“ unterstellt. „Diese Formation sollte nach Ansicht des Heeres in erster Linie zur rückwärtigen Sicherung eingesetzt werden. Die SS empfand dies als eine Zurücksetzung, fühlte sie sich doch als vollwertige Kampftruppe.“[18]

Die Nacht zum 12. März 1938 war im Raum Jachenau – Wallgau voller Spannung, als sich die Gebirgsjäger dort für den Grenzübertritt versammelten und bereithielten. „Entscheidend ist äußerste Schnelligkeit. Wir kommen als Freunde, daher Musik und Fahnen“, lautete die Parole.[19]

Die Vorausabteilung „Velhorn“ hatte in der Grenznähe bei Scharnitz Aufstellung zu nehmen und handstreichartig über Seefeld und Zirl nach Innsbruck vorzustoßen und Aufklärung zu betreiben. Eine verstärkte Kompanie des I. Gebirgsjägerbataillons hatte sich ebenfalls bereitgemacht, um im Ernstfall mit Unterstützung der Gebirgsartillerie „auftretenden Widerstand in oder bei Scharnitz rücksichtslos zu brechen.“[20] Mit der Masse der Regimentsgruppe verharrten Schörner und seine Führer und Unterführer währenddessen rund eineinhalb Kilometer nördlich der Staatsgrenze. Es war gegen 19.00 Uhr, als bei ihnen die Nachricht eintraf, dass österreichische Truppen die bayerisch-tirolische Grenze bei Scharnitz besetzt hätten. Diese beruhte jedoch auf einem unklaren Anruf der Grenzpolizei, die mitteilen ließ: „In Seefeld befindet sich ein Bataillon der 6. Brigade. Führer ist Generalmarschall Zehner, eine Kompanie befindet sich in Leutasch, eine Kompanie in Scharnitz. Dieser Führer hat geäußert, dass Stellung nur drei Stunden wegen Munitionsmangel gehalten werden kann."[21] Das war aber eine Falschmeldung, denn der General Zehner hielt sich in Wien auf und die Einheiten in der Leutasch und Scharnitz hatten lediglich die Stärke eines Zuges.

Alles kam ganz anders. Zunächst besetzte die 1. Kompanie des Gebirgspionierbataillons 54 um 05.30 Uhr ohne besondere Vorkommnisse den Grenzübergang Scharnitz „und nahm auch mit dem Bürgermeister von Scharnitz Verbindung auf, um den Marsch der deutschen Truppen durch Scharnitz vorzubereiten."[22] Dann überschritt das II. Bataillon/Gebirgsjägerregiment 98 bei Scharnitz die Grenze nach Tirol und marschierte nach Innsbruck. Schörner und seine Kommandeure hatten den Auftrag, bei der militärischen Absicherung des Anschlusses mitzuwirken – vorrangig ohne Waffengewalt, bei Widerstand jedoch unter Anwendung der Waffen.

Während die Masse des verstärkten Gebirgsjägerregiments 98 langsam auf die Tiroler Landeshauptstadt vorrückte, fuhr Oberstleutnant Schörner mit der motorisierten Vorausabteilung „Velhorn" nach Innsbruck, wo er zwischen 11.00 und 12.00 Uhr eintraf. Dort nahm er kurz eine Verbindung mit dem Generalmajor Szente und dem Kommando der österreichischen 6. Division auf, um nach einer Viertelstunde südwärts zu ziehen, da ihm noch in der Nacht folgender Befehl übermittelt worden war:

„Das Oberkommando Heer hat befohlen, dass ein Offizier der einmarschierenden deutschen Truppen zur österreichisch-italienischen Grenze (Brenner) fährt, dort einen italienischen Offizier aufsucht und ihm kameradschaftlich die Hand schüttelt. Durch diese Geste soll das besonders gute, freundschaftliche Verhältnis Deutschland – Italien in aller Öffentlichkeit unterstrichen werden. Für die Ausführung dieses ehrenvollen Auftrages bestimme ich Sie."[23]

Es war um 12.45 Uhr, als der Kommandeur des Gebirgsjägerregiments 98 am Brenner eintraf. Dort begrüßte Oberstleutnant Ferdinand Schörner den Kommandanten der italienischen Passbesatzung. In seiner Antwort gab der faschistische Offizier in kameradschaftlichem Ton seine Bewunderung für das große deutsche Heer zum Ausdruck. Aber er schmeichelte insbesondere Schörner, von dem er wusste, dass dieser anno 1917 für seinen Einsatz während der 12. Isonzoschlacht mit dem begehrten preußischen Orden Pour le Mérite ausgezeichnet worden war, den er fortan stets am Hals trug.[24] Unterdessen waren im Laufe des Tages mehrere Partei- und NSKK-Fahrzeuge in Innsbruck eingetroffen. Nun füllten sich die Straßen und engen Gassen der Tiroler Landeshauptstadt mit immer mehr Einwohnern, sodass ab 15.00 Uhr bereits eine große Menschenmenge Schörner und seine Gebirgsjäger willkommen hieß. Am Abend nahm auch eine Ehrenformation des Tiroler Jägerregiments und des leichten Artillerieregiments Nr. 6 auf der prachtvollen Maria-Theresien-Straße Aufstellung. Die Rede, die der Führer und Reichskanzler Adolf Hitler in Linz hielt, wurde über Lautsprecher übertragen.

„Unvergessliche Tage verbrachte das versammelte Regiment im schönen Innsbruck mit seiner gastfreundlichen Bevölkerung", steht in der Geschichte des Gebirgsjägerregiments 98 zu lesen. „Das Verhältnis der Jäger zu ihren Quartiergebern war vom ersten Tage an überaus herzlich und dies gute Einvernehmen blieb bis zum letzten Tage bestehen. Sei es im Alltag oder auf festlichen Paraden und Kameradschaftsabenden oder sei es bei Speisung der Hilfsbedürftigen aus unseren Feldküchen, das Bewusstsein, dass deutsche Brüder nach langer bitterer Trennung zueinander gefunden haben, war nirgends lebendiger wie hier. Die Tage im Einzelnen zu schildern ist hier nicht der Raum. Es mag genügen, an die Vereidigung der österreichischen Kameraden am 14. März zu erinnern, an den Kameradschaftsabend des Regiments im Stadttheater und Stadtsaal, Heldengedenkfeier und Kranzniederlegung am Kaiserjägerdenkmal am 18. März und die schönen Übungen in den Stubaier und Ötztaler Alpen."[25]

Nach einem dreimonatigen Aufenthalt und einer intensiven Gefechtsausbildung in Tirol zogen Schörner und seine Gebirgsjäger zunächst wieder in ihre oberbayerischen Kasernenanlagen in Mittenwald, Garmisch-Partenkirchen und Lenggries, um die Ausbildung zu intensivieren und die Gebirgstruppe auf eventuell bevorstehende neue Aufgaben optimal vorzubereiten. Daher wurden die Spätsommermonate des Jahres 1938 ausgefüllt mit einer gezielten Nahkampf- und Stoßtruppausbildung, mit dem Angriff auf Befestigungen sowie dem Zusammenspiel von Kompanien, Bataillonen und dem Regiment im straffen einheitlichen Gefechtsdienst. Einen bedeutsamen Einschnitt in der Verbandsausbildung bildete der Aufenthalt auf dem Truppenübungsplatz Grafenwöhr mit der gesamten 1. Gebirgsdivision vom 19. bis zum 31. August. Hier wurde das Gebirgsjägerregiment 98 in Gefechtsübungen mit scharfer Munition sowie Übungen bis zum Regimentsrahmen auf eine letzte Probe vor den großen Herbstmanövern im Bayerischen Wald gestellt.

Das letzte Friedensjahr war für Wilhelm Spindler auch in anderer Hinsicht bedeutungsvoll. Denn bereits zum Jahresbeginn wurde er am 1. Januar 1938 zum Leutnant der Reserve befördert, um dann am 1. Oktober 1938 als Leutnant zu den aktiven Truppenoffizieren des Heeres überführt zu werden. Ein paar Tage später feierte das elitäre Gebirgsjägerregiment 98 am 12. Oktober 1938 sein einjähriges Bestehen. Aus diesem Anlass erließ Oberstleutnant Ferdinand Schörner den Regimentsbefehl vom 11. Oktober 1938:[26]

„Am 12. Oktober 1938 begeht das Gebirgsjägerregiment 98 seinen ersten Jahrestag. Das Regiment hatte das große Glück, sich im ersten Jahr seines Bestehens bei zwei geschichtlichen Ereignissen der großdeutschen Entwicklung beteiligen und bewähren zu können und damit in kurzer Zeit eine Tradition zu erwerben. Die gemeinsam erlebten Tage haben uns alle, Führer und Mannschaften, Reservisten und aktive Soldaten zu einer engen Kameradschaft zusammengeschlossen.

Die auf Krieg gerichtete Ausbildung bleibt entscheidend; das haben uns vor allem die letzten Wochen deutlich gemacht. Sie muss uns befähigen, die kommenden größeren Aufgaben in der Zukunft des Reiches erfolgreich zu lösen. Mit den höheren Zielen wächst die Erziehungsarbeit, die sich auf der Weltanschauung des nationalsozialistischen Staates gründet und unsere moralische Kampfkraft stärkt. Wer von uns geht und wer zu uns kommt, muss immer klar erkennen, dass die Wehrmacht die höchste Erziehungsschule des neuen Staates bildet.

Stolz auf unser Regiment und seine hohe Berufung, innerlich geschlossen und pflichtbewusst sind wir als Soldaten Großdeutschlands nach den Worten unseres Führers jederzeit zum Einsatz bereit.

Heil Hitler!
gez. Schörner."

Dieser Jahrestag gewann sowohl für Ferdinand Schörner als auch für Wilhelm Spindler an Bedeutung, weil den Feierlichkeiten eine ranghohe Generalität der Wehrmacht beiwohnte. Besonders hervorzuheben sind hierbei der Kommandierende General des VII. Armeekorps, General der Infanterie Eugen Ritter von Schobert, der Generalstabschef der Heeresgruppe, Generaloberst Wilhelm List, Generalleutnant Erich von Manstein und der Generalquartiermeister, Generalmajor Karl Weisenberger.

Jägerlied der 98er

KEHRREIM:

Ja wir 98er Jager, wir san eisern,
wir halten zam in Freud und Leid,
wir wissen unsre Feinde zu meistern
und kommen stets zur rechten Zeit,
Bei den Maderln in der Heimat,
sind wir allzeit gern gesehn —
Und das Edelweiß am Hut
und die Herzen voller Mut,
ja wir san Jagersleut,
de ham a Schneid.

TEXT UND MUSIK VON STGFR. HANS ENGELHARDT.

Das Jägerlied für das Gebirgsjägerregiment 98, verfasst vom Stabsgefreiten Hans Engelhardt.

Der Oberbefehlshaber der 8. Armee. Wien, den 23. März 1938.

Armeetagesbefehl.

Die 8. Armee hat ihre Aufgabe erfüllt; sie marschiert – nach besonderem Befehl – in die Friedensstandorte zurück. Teile bleiben zunächst noch in der Ostmark.

Harte Anforderungen wurden beim Einmarsch gestellt; die Truppe hat sie freudig bewältigt und übertroffen! Die Marschleistungen aller Verbände, der motorisierten, berittenen und bespannten Einheiten und ganz besonders die der Infanterie waren vortrefflich. Ihr habt bewiesen, daß in Euch Geist und Manneszucht, Einsatzbereitschaft und Opferfreudigkeit lebendig sind, wie es von deutschen Soldaten erwartet und verlangt werden muß.

25 deutsche Soldaten fanden beim Einsatz in Österreich durch Unglücksfall den Tod; sie starben für ihr Vaterland!

Nun geht wieder an Euren Dienst! Den Dank für Eure Leistungen sollt Ihr darin sehen, daß Ihr mit berufen wart, ein neues, großes, einiges Deutschland zu schaffen, wie es der Führer befahl!

Es lebe der Führer!
Es lebe Deutschland!

Generaloberst und Oberbefehlshaber
der 8. Armee

Der Befehl ist vor Abmarsch der Truppe bis einschließlich Kompanie usw. bekanntzugeben.

Österreichische Staatsdruckerei.

Der Armeetagesbefehl des Oberbefehlshabers der 8. Armee vom 23. März 1938.

Die „Sturmfahrt auf Lemberg“

Der August 1939 war so ganz und gar anders als jener von 1914. Nirgendwo sah man großartige Blumengebinde, die verliebte Mädchen den Gebirgsjägern überschwänglich zuwarfen. Kein Enthusiasmus und kein lauter, nicht enden wollender Jubel in den Straßen der alpenländischen Garnisonen. Keine Freudentränen beim Abschied vor den Kasernentoren. Stattdessen registrierten die Kommandeure und Kompaniechefs eine gewisse Beklommenheit, viele traurige Blicke und verhaltene Gesten, als ihre Soldaten die bereitstehenden Truppentransporte alles andere als leichten Herzens bestiegen. In dieser melancholischen Stimmung rollte die Masse der 1. Gebirgsdivision Ende August 1939 von München aus mit der Eisenbahn in das nördliche Mähren.[27]

Wenig später bestieg der Führer und Reichskanzler am Morgen des 1. September 1939 feierlich die Rednertribüne in der Berliner Krolloper und verkündete dem zum Schweigen verurteilten Großdeutschen Reichstag, dass Deutschland sich im Krieg mit Polen befände. Gegen Ende seiner Rede erklärte er: „Ich will nichts anderes jetzt sein, als der erste Soldat des Deutschen Reiches. Ich habe damit wieder jenen Rock angezogen, der mir einst selbst der heiligste und teuerste war. Ich werde ihn nur ausziehen nach dem Sieg, oder ich werde dieses Ende nicht überleben.“

Mit erregter Stimme verkündete der Führer und Oberste Befehlshaber dem deutschen Volke: „Seit 05.45 Uhr wird jetzt zurückgeschossen. Und von jetzt ab wird Bombe mit Bombe vergolten!“ Der Polenfeldzug war entbrannt. Er war jedoch in Wirklichkeit bereits eine Stunde zuvor, um 04.45 Uhr, durch das schwere Feuer der Geschütze des deutschen Linienschiffes „Schleswig-Holstein“ auf die polnische Westerplatte entfesselt worden.

Der Abtransport des Gebirgsjägerregiments 98 erfolgte vom 1. bis 3. September aus den Standorten Mittenwald, Garmisch-Partenkirchen und Lenggries. Die Verladung und die Abfahrt boten in allen oberbayerischen Gebirgsstandorten ein straffes und soldatisches Bild. Am 4. September war der Aufmarsch der 1. Gebirgsdivision hinter der polnischen Grenze beendet. In der Slowakei, im Raum zwischen Poprad und Alt-Lublau, lagen die Soldaten, „das Treffen mit dem Gegner voll Ungeduld herbeiwünschend.“[28] An diesem Tag wurde der Stammdivision der deutschen Gebirgstruppe ihr eigentlicher Auftrag mitgeteilt. Er lautete: Vorstoß über die polnische Grenze zunächst in nördlicher Richtung durch die Karpaten mit dem vorläufigen Ziel San, um von diesem Fluss aus zur Umfassung des polnischen Südflügels auf Lemberg vorzustoßen und somit ein Ausweichen der gegnerischen Kräfte über den Raum Lemberg hinaus nach Ungarn zu verhindern.

Für die Gebirgsjägerregimenter ergab sich daraus folgende Stoßrichtung: Das verstärkte Gebirgsjägerregiment 100 unter Oberstleutnant Willibald Utz hatte über Piwniczna und das verstärkte Gebirgsjägerregiment 99 unter Oberstleutnant Hermann

Kreß über Muszyna ostwärts vorzustoßen. Schörners Gebirgsjägerregiment 98 sollte am 5. und 6. September in der Slowakei nach Osten marschieren und im Überholungsgedanken Bardejow erreichen. Auf einen Nenner gebracht lautete der Auftrag für die 1. Gebirgsdivision des Generals Ludwig Kübler: Auf schnellstem Wege Lemberg erreichen!

Das erste, was Wilhelm Spindler und seine Gebirgsjäger im Krieg lernten: marschieren, marschieren, marschieren – im Durchschnitt dreißig bis vierzig, nicht selten sogar fünfzig Kilometer am Tag. Im Großen und Ganzen verliefen die ersten Tage des Polenfeldzuges für die Gebirgsverbände im Gegensatz zu den schweren Kampfhandlungen bei den anderen Einheiten des Heeres – ausgenommen von kleineren, unbedeutenden Plänkeleien – relativ ruhig.

Die Masse der 1. Gebirgsdivision überschritt am 7. September in den frühen Morgenstunden die polnische Grenze von Polanka aus, um dann in nordostwärtiger Richtung gegen Zmigrod vorzugehen, wo sie sich mit den restlichen Divisionsteilen tags darauf vereinigte. Am Morgen des 8. September ließ General Ludwig Kübler eine motorisierte Verfolgungsgruppe unter dem Befehl des Kommandeurs des Gebirgsartillerieregiments 79 aufstellen. Die Bildung dieser schnellen Speerspitze zahlte sich sehr bald aus.

Während das beherrschende Höhengelände der Magora fast kampflos in die Hände der Deutschen fiel, kam es noch am selben Tag bei Dukla zu einem Gefecht mit erbitterten Orts- und Straßenkämpfen, bei denen Teile des herbeigeeilten II. Bataillons des Gebirgsjägerregiments 98 unter Oberstleutnant Picker eingriffen und schließlich die Oberhand behielten. Nachdem die Höhen von Rymanow den sich dort ganz verbissen kämpfenden Polen entrissen worden waren, erreichte man noch am Abend des 8. September Sanok. Südlich davon wurde der San überwunden und ein Brückenkopf gebildet. Dem Gegner war damit der Rückzug durch die Stadt und über den Fluss abgeschnitten worden.

Angesichts dieses Erfolges befahl das übergeordnete XVIII. Gebirgsarmeekorps des Generals der Infanterie Eugen Beyer am 10. September der 1. Gebirgsdivision, ohne Rücksicht auf Verluste mit einer motorisierten Vorausabteilung bis zur galizischen Hauptstadt vorzustoßen. Daher erließ General Kübler noch am selben Tage den richtungweisenden Befehl zur sogenannten und später vielfach verklärten „Sturmfahrt auf Lemberg". Dem Gegner sollte damit der Rückzug nach Osten verwehrt und somit zur Kapitulation gezwungen werden. Damit war der Startschuss zum entscheidenden Kampf in Galizien in zweierlei Hinsicht gefallen. Denn nach dem Ausfall des Oberst Karl Wintergerst übernahm nun der energische und dynamische Oberst Ferdinand Schörner die Vorausabteilung. Das war ein taktischer Auftrag, der sowohl Schörner als auch seinen Offizieren und Unteroffizieren gelegen kam.

Die Vorausabteilung wurde von Schörner so angesetzt, dass der Gegner überall dort, wo er Widerstand zu leisten gedachte, mit geballter Wucht angegriffen und seine Truppen zerschlagen wurden. Wiederholt hatten die Gebirgseinheiten auf ihrem raschen Vordringen gegen Baum- und Heckenschützen zu kämpfen. Doch dann erfolgte der Vormarsch gegen Sambor, das nach den entscheidenden Gefechten bei Dobrowka, in die Schörner und seine Bataillonskommandeure und Kompaniechefs wiederholt persönlich eingriffen, fiel. Damit war die letzte große Stadt vor Lemberg in der Hand der Gebirgsverbände. Hier traf der Divisionsbefehl ein: „Schärfstes Vordringen auf Lemberg!"

Nun begann die eigentliche Sturmfahrt auf die galizische Hauptstadt. Der zurückmarschierende Gegner wurde völlig überrascht und überrollt. Aus den Kraftfahrzeugen heraus wurde er mit feuerspeienden Maschinengewehren bekämpft und zersprengt. Dahin rasende, führerlose Pferdewagen des Gegners konnten nur mit viel Mühe in ihrer heillosen Flucht gebremst werden. Beiderseits der Vormarschstraße warfen polnische Soldaten ihre Waffen in den Straßengraben und ergaben sich.

Rudki, um das später noch ernsthafte Kämpfe entbrannten, wurde zunächst ebenso energisch durchfahren wie die polnischen Kolonnen. Alles kam nun darauf an, den Gegner in der Seenenge bei Malowanta und Grodek zu überraschen, was Schörner und seinen Führern und Unterführern dann auch gelang. Auf der mit polnischen Ausrüstungsgegenständen und Waffen aller Art übersäten Straße ging es nun weiter voran. Rechts und links schossen zersprengte polnische Truppen noch, konnten die Gebirgsjäger, denen bei dieser Gelegenheit auch eine polnische Regimentsfahne in die Hände fiel, jedoch nicht mehr aufhalten.

Das Marschtempo der Kampfgruppe „Schörner" steigerte sich bis zur Leistungsgrenze der Motoren. Nur so ist es zu verstehen, dass tatsächlich in kürzester Zeit der Westrand der galizischen Hauptstadt von den Gebirgsjägern erreicht und damit die südpolnische Kräftegruppe von ihrem wichtigsten Stützpunkt, der als Eisenbahnknotenpunkt von größter Bedeutung war, abgeschnitten wurde. Polen war damit an seiner Südfront empfindlich getroffen.

Nach den vernichtenden Gefechten und Schlachten im Norden und der Einnahme von Przemysl im Westen drängten die nachstoßenden Verbände den Gegner nach Süden und Osten, also in Richtung Lemberg, wo Schörner mit seiner Kampfgruppe, die sich aus dem I. und II. Bataillon des Gebirgsjägerregiments 98 und dem I. und II. Bataillon des Gebirgsjägerregiments 99 zusammensetzte, auf die Nordseite von Lemberg durchgebrochen war und die Höhenstellungen igelförmig hielt. Ob er nun wollte oder nicht, hier musste der Gegner die deutschen Stellungen berennen, wenn er noch entkommen wollte.

Sowohl die Bevölkerung als auch die rund 26.000 in Lemberg liegenden Soldaten waren auf die rasche Ankunft der Gebirgssoldaten vor den Toren ihrer Stadt nicht vorbereitet. Die Deutschen mussten alles daransetzen, den durch das schnelle Handeln erreichten Erfolg zu sichern und möglichst rasch auszubauen. Alle Versuche der Polen, während der Nacht verlorenes Gelände zurückzuerobern, konnte im harten Kampfeinsatz abgewiesen werden. Dann begannen für die Truppe die so denkwürdigen Tage des schweren Kampfes aber auch der höchsten Bewährung. Denn der Vorsprung, den die 1. Gebirgsdivision mit ihrer Speerspitze vor allen anderen Verbänden hatte, betrug hundertzwanzig Kilometer!

Noch in der Nacht wurde die deutsche Verfolgungsgruppe durch alle zur Verfügung stehenden Personen- und Lastkraftwagen verstärkt, sodass bis zum 13. September, um 08.00 Uhr morgens, folgende Truppentransporte eingetroffen waren: das I. Bataillon des Gebirgsjägerregiments 99 unter dem Hauptmann Fleischmann, das I. Bataillon des Gebirgsjägerregiments 98 unter dem Oberstleutnant Dr. Franek und das II. Bataillon des Gebirgsjägerregiments 98 unter dem Oberstleutnant Picker.

Am 13. September 1939 wurde die 3. Gebirgsdivision des Generalmajors Eduard Dietl überraschend ostwärts von Sanok aus der Front des XVIII. Gebirgsarmeekorps herausgelöst, um an die Westfront transportiert zu werden. Dort befürchtete das Oberkommando der Wehrmacht einen französischen Angriff gegen den Westwall.

Aber die Kampfgruppe „Schörner" ließ sich den Sieg nicht mehr nehmen. Noch am selben Tag trat sie um 10.00 Uhr mit leichten und schweren Waffen zum Angriff auf die wichtigen Höhen von Holoskow und Zboiska an, die sich entlang des West- und Nordwestrandes von Lemberg erstrecken. Bereits am Abend war das Angriffsziel, die Straße Kulikow – Lemberg ohne nennenswerte Verluste bei Zboiska erreicht.

Inzwischen war der Gegner von anderen deutschen Truppen bei Przemysl geschlagen und in Richtung Lemberg zurückgeworfen worden. Drei polnische Divisionen bedrohten daher die Flanke der Gruppe „Schörner". Diese Feindkräfte versuchten mit aller Macht, nach Südosten durchzustoßen und mussten daher ebenfalls aufgehalten und daran gehindert werden, ihre Absicht, sich nach Lemberg durchzuschlagen, zu verwirklichen. Damit zeichnete sich für Schörner und seine Kommandeure ein Mehrfrontenkampf ab. Aber auch diese Herausforderung konnten die Gebirgssoldaten zu ihren Gunsten lösen.

Zunächst bildete Schörner mit seinen Führern und Unterführern eine Verteidigungsfront, die wie ein Damm die polnischen Truppen aufhielt und gegen eine vielfache Übermacht standhalten musste. Dass es vor Lemberg gelang, viele feindliche Ausfall- und Entsatzversuche in jenen nervenaufreibenden Tagen zu unterbinden und dass trotz teilweise fehlender Verpflegung, die nicht mehr nach vorne gebracht werden konnte, immer wieder aus- und durchzuhalten, muss sowohl Schörner als auch Kübler aber auch ihren Führern und Unterführern zugeschrieben werden. Am Nachmittag des 19. September erhielt Ferdinand Schörner den Befehl zum konzentrischen Angriff, der am 21. September auf Lemberg erfolgen sollte. Aber dazu kam es für die ihm unterstellte Kampfgruppe nicht mehr.

Denn am Morgen des 20. September erschienen unerwartet sowjetische Panzer bei Zboiska, nachdem sich Lemberg der 1. Gebirgsdivision kampflos ergeben hatte. Der Leutnant Wilhelm Spindler und seine Kameraden hatten somit im Polenfeldzug

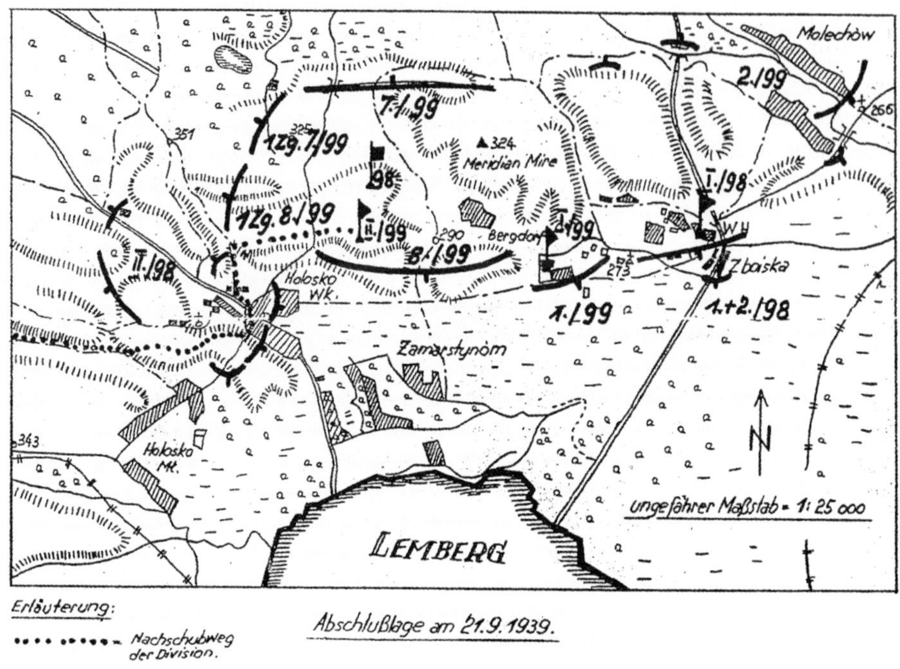

Die Abschlusslage der 1. Gebirgsdivision vor Lemberg am 21. September 1939.

ihre Pflicht und Schuldigkeit getan. Nun hatten die deutschen und sowjetischen Politiker das Wort: Kurz vor Beendigung des Blitzkrieges gegen Polen, dessen militärischen Zusammenbruch Josef Stalin von Tag zu Tag im Moskauer Kreml aufmerksam verfolgte, hatte die Rote Armee am 17. September die Ostgrenze Polens überschritten und die im Hitler-Stalin-Pakt vereinbarte Interessenszone besetzt. Obwohl der Stadtkommandant Lemberg am 21. September der 1. Gebirgsdivision übergeben hatte, musste diese die galizische Metropole nun vertragsgemäß den Sowjets überlassen. Frustriert ob ihrer Anstrengungen mussten Küblers Gebirgsjäger nun die Stadt ohne den erhofften Sieg verlassen.

Viele fragten sich, ob die toten Kameraden letztendlich nicht für Hitlers, sondern für Stalins expansive Politik gefallen waren. Wie der Führer und Oberste Befehlshaber in seiner Rede vor dem Großdeutschen Reichstag am 6. Oktober 1939 bekannt gab, hatte die Deutsche Wehrmacht im achtzehntägigen Polenfeldzug 10.572 Tote, 30.322 Verwundete und 3.409 Vermisste zu beklagen. Allein die Verluste der 1. Gebirgsdivision betrugen sage und schreibe 1.402 Mann. Davon waren 42 Offiziere, 69 Unteroffiziere und 313 Mannschaften gefallen. Mit Betroffenheit stellten die Offiziere und Unteroffiziere fest, dass die „Sturmfahrt auf Lemberg" zum einen aufgrund der mangelnden Kriegserfahrung der Truppe, zum anderen aber auch durch die ungestüme, ja zuweilen rücksichtslose Taktik ihres Divisionskommandeurs Ludwig Kübler zum Langemarck der Stammdivision der deutschen Gebirgstruppe geworden war. Nach diesem Aderlass war die „Erste" eine Zeit lang nicht mehr frontverwendungsfähig, sodass sie zur Auffrischung in Ruhequartiere transportiert werden musste.

Doch statt in ihre oberbayerischen Friedensstandorte ging es nun westwärts. Wie der Großteil des deutschen Heeres, wurde auch das XVIII. Gebirgsarmeekorps des Generals der Infanterie Eugen Beyer mit seinen Divisionen in das Rheinland verlegt. Die 1. Gebirgsdivision zog mit ihren Regimentern in das liebliche Ahrtal und in die raue Eifel, wo die Ausbildung und Ergänzung der Truppe betrieben wurde. Dort lag man auf Tuchfühlung mit der 3. Gebirgsdivision. Nun harrte Leutnant Spindler mit seinen Männern der Dinge, die da kommen sollten. Und diese versprachen nichts Gutes, obwohl die Franzosen zwischen dem 3. September 1939 und dem 9. April 1940 vom „Dröle de Guerre" also „dem seltsamen, dem komischen, ja dem drolligen Krieg" sprachen.

1. Gebirgs-Division
— Kommandeur —

Vor Lemberg, den 21. IX. 1939.

Soldaten
meiner ruhmreichen 1. Gebirgs-Division!

Mit ewigem Ruhm bedeckt beendet die 1. Gebirgs-Division den Feldzug in Galizien.

In unwiderstehlichen Angriffen und brausender Sturmfahrt habt Ihr Galizien erobert und eine Woche Vorsprung vor allen anderen gewonnen.

Vor Lemberg habt Ihr 9 Tage lang alle Angriffe von außen und innen abgeschlagen, keinen Fußbreit Boden aufgegeben und die Stadt mit eisernem Griff umschlossen gehalten.

Die Verteidigung der Seen-Enge bei Grodek im Rücken des Gegners und der Todesstoß von Dobrostany haben dem Feinde den letzten Rest gegeben.

10 000 Gefangene habt Ihr eingebracht, viele Tausende den Nachbarn in die Arme getrieben.

Das Edelweiß ist der Schrecken des Feindes geworden.

Soldaten!

Ihr habt Eure Pflicht getan.

Ich danke Euch.

Ich bin stolz auf Euch.

Heil unseren Toten und Verwundeten!

Heil dem Führer!

Es lebe Deutschland!

Kübler.

Der Kommandeur der 1. Gebirgsdivision Ludwig Kübler huldigt in einem Schreiben vom 21. September 1939 den deutschen Truppen. Am selben Tag wurde der Artilleriebeschuss polnischer Schlüsselpositionen in Warschau intensiviert.

Der Blitzkrieg gegen Frankreich

Nachdem der britische Premierminister Chamberlain und der französische Ministerpräsident Daladier Hitlers Friedensangebot brüsk zurückgewiesen hatten, sollte aus dem „drolligen Krieg" jedoch schon bald blutiger Ernst werden. Daher erteilte der Führer und Oberste Befehlshaber schon am 9. Oktober 1939 die Weisung Nr. 6 für die Kriegsführung im Westen, deren wesentlichste Punkte auf einen weiteren Blitzkrieg hinausliefen. [29]

Im Rahmen der Heeresgruppe A des Generalobersten Gerd von Rundstedt strebte Grübl mit der 1. Gebirgsdivision zunächst am 9./10. Mai 1940 bei einer durchschnittlichen Marschleistung von täglich vierzig Kilometern der Reichsgrenze zu. Von hier aus setzte er mit dem Gebirgsjägerregiment 98 zum Sprung über drei Grenzen an – und zwar zuerst über die deutsch-luxemburgische, dann über die luxemburgisch-belgische und zuletzt über die belgisch-französische. Sein Divisionskommandeur Ludwig Kübler war wieder voller Tatendrang, als er seinen „Blumenteufeln" in gewohnter Zielstrebigkeit die Marschrichtung angab und die militärischen Ziele zuwies.

Am 14. Mai 1940 wurden die Gebirgsjägerbataillone an die Maas herangezogen. Hier, wie später im Raum Fumay und bei Hirson, zeichneten sich die Gebirgsjäger besonders aus. Von der Maas eilten sie dem Oise-Aisne-Kanal südwestlich von Laon entgegen. Dort gab es einen überraschenden Halt für die 1. Gebirgsdivision. Denn während sich in Flandern und an der Kanalküste die erste große Entscheidungsschlacht des Westfeldzuges ihrem Ende näherte, hatten die „Blumenteufel" mit anderen Verbänden eine Abwehrfront nach Südwesten zu bilden. Hierzu richteten sie sich nun zur Verteidigung bei dem etwa zehn bis fünfzehn Meter breiten und rund zwei Meter tiefen Wasserhindernis wie folgt ein:

Rechts das Gebirgsjägerregiment 100 unter Oberst Utz und links das Gebirgsjägerregiment 99 unter Oberst Kreß. Die lange rechte Flanke an der Aisne bis La Fère sicherte Oberst Schörner mit seinem Gebirgsjägerregiment 98 zusammen mit dem ihm zugewiesenen Maschinengewehrbataillon 2. Nachdem er die Stellungen seiner Einheiten inspiziert und hier und da Verbesserungen vorgenommen hatte, ereilte ihn in der zweiten Maihälfte ein dringender Anruf. Am anderen Ende der Leitung meldete sich der Chef des Heerespersonalamtes. Dieser teilte ihm kurz und bündig mit, dass er vom Kommando des Gebirgsjägerregiments 98 entbunden sei. Dann folgte der entscheidende Satz:

„Das Oberkommando des Heeres hat befohlen, dass Sie, Herr Oberst, bis zum 10. Juni 1940 die 6. Gebirgsdivision aufzustellen und marschbereit zu melden haben!"[30] Diese Personalentscheidung beeinflusste auch die militärische Laufbahn des Obersten Egbert Picker, der nun als Nachfolger Ferdinand Schörners von Mai 1940 bis zum 6. Januar 1943 das Kommando über das Gebirgsjägerregiment 98 innehatte.[31]

Der Stellungskrieg am Oise-Aisne-Kanal und die Verteidigung des Wasserlaufes zogen sich vom 22. Mai bis zum 4. Juni 1940 hin. „Tag wechselt mit Nacht, Nacht mit Tag", heißt es im Gedenkbuch der 1. Gebirgsdivision. „Die Franzosen haben den Eindruck, dass die Deutschen nicht die Kraft besitzen, weiter vorzustoßen, und es zum Stellungskrieg, zum Kampf um jeden Meter des Bodens, kommen lassen müssen. Darum schanzen sie selbst, bauen, schießen zu bestimmten Zeiten mit Artillerie und warten. Noch tobt die Schlacht in Flandern. Erst wenn sie siegreich beendet ist, wird der Stoß in Frankreichs Herz erfolgen."[32]

Zwischenzeitlich wechselte die 1. Gebirgsdivision am 2. Juni das übergeordnete Generalkommando und kam so vom XVIII. Gebirgsarmeekorps der 12. Armee zum XXXXIV. Armeekorps, womit die Stammdivision der deutschen Gebirgstruppe am linken Flügel der 6. Armee stand.

Mit jedem Tag rückte der Angriffsbeginn über den Oise-Aisne-Kanal für den Leutnant Spindler und seine Kameraden näher. Angespannt warteten die Angriffsbataillone auf die entscheidenden Befehle. Am 4. Juni, es war um 14.20 Uhr, traf endlich der „Korpsbefehl für den Angriff" bei der „Ersten" ein. Auf dieser Grundlage erarbeitete General Kübler nun mit seinen Generalstabsoffizieren den „Divisionsbefehl Nr. 38 für Bereitstellung und Angriff am 5. Juni", der noch am selben Tag um 18.20 Uhr an die Regiments-, Abteilungs- und Bataillonskommandeure verteilt wurde.

In diesem bis dato für die „Edelweißsoldaten" wichtigsten Divisionsbefehl des Frankreichfeldzuges wurde unter anderem festgelegt, dass die „Erste" als linke Division des XXXXIV. Armeekorps nach einer halbstündigen Feuervorbereitung auf die gegnerischen Stellungen am Morgen des 5. Juni 1940, um 05.30 Uhr, anzugreifen und den Übergang über den strategisch bedeutenden Oise-Aisne-Kanal zu erzwingen habe.

Langsam, fast schleppend, ging der 4. Juni 1940 zur Neige. Melder eilten nach vorne und übermittelten den Angriffskompanien den Befehl: „Bereitstellung zum Angriff über den Oise-Aisne-Kanal!"

Endlich wurde es finster. Im Schutze der Dunkelheit konnten die letzten Angriffsvorbereitungen vollzogen werden. Im gesamten sumpfigen Kanalgrund krochen die Gebirgsjäger in der Nacht vom 4. zum 5. Juni in ihre Ausgangsstellungen; schoben sich die Gebirgspioniere mit ihren Floßsäcken an die Uferböschungen des Kanals heran; bereiteten die Gebirgsartilleristen das massierte Feuer auf die feindlichen Stellungen vor. Dann war es in den erwachenden Morgenstunden des schicksalhaften 5. Juni 1940 endlich soweit. Um 05.00 Uhr kam für die Gebirgsartillerie das Kommando: „Hundertfünfzig Schuss Trommelfeuer auf Sperrfeuerraum A!"

Hart schlugen die ersten Granaten in den gegnerischen Stellungen ein. Eine halbe Stunde später wurde das Feuer der Gebirgsartillerie tiefer in die feindlichen Linien verlegt, um den Gebirgsjägern und Gebirgspionieren die Möglichkeit zu geben, den Angriff über den Oise-Aisne-Kanal hinweg zu tragen. Schon klatschten die Floßsäcke der Gebirgspioniere ins Wasser und brachten die ersten Stoßtrupps mit den Gebirgsjägern an das andere Ufer. Dort brach der gegnerische Widerstand nach harten Kämpfen bald zusammen. Dann begannen die Angriffskompanien der verschiedenen Bataillone der 1. Gebirgsdivision mit dem Übersetzen der Mannschaften. Noch wogte der Kampf hin und her. Der geschlossen vorgetragene Angriff drohte sich aufgrund des nachhaltigen französischen Widerstandes in Einzelgefechte aufzulösen.

Es war abermals Abend und Nacht geworden, als sämtliche Truppenteile der „Edelweißdivision" endlich über die Kriegsbrücken und Stege, die die Gebirgspioniere eilig über den Kanal geschlagen hatten, marschieren beziehungsweise fahren konnten, um den Gegner zu verfolgen. Die Front des Feindes hielt zunächst zwar noch den massiert vorgetragenen Schlägen der „Blumenteufel" stand, aber sie war schon schwer erschüttert worden. Tief drangen die Gebirgsjäger in die Stellungen des Gegners ein. Der Sturmlauf war derart zügig vonstattengegangen, dass die Nachbardivisionen bereits zurückhingen und die eigene Artillerie nicht mehr nachkam, sodass sie schließlich das Feuer einstellen musste.

Der schwerste und zugleich der größte Tag der 1. Gebirgsdivision während des Frankreichfeldzuges ging zur Neige. Der Gegner, der blutige Opfer bringen musste, um die Gebirgssoldaten wenigstens vorübergehend am Oise-Aisne-Kanal aufzuhalten, hatte den „Blumenteufeln" den Übergang über den Wasserlauf alles andere als leicht gemacht.

Der 5. und 6. Juni 1940 waren wieder Tage der Bewährung für die 1. Gebirgsdivision. Sie forderten von den Frontsoldaten die ganze Kraft, einen kühlen Kopf und ein heißes Herz. Denn schon am 6. Juni rollte der Angriff in Richtung Aisne weiter. Durst und Müdigkeit konnten aber den Angriffswillen Spindlers und seiner Kameraden, die unter Hitze dem kühlen Abend entgegenmarschierten, nicht brechen. Da die „Erste" ihren Nachbardivisionen wieder weit vorausgeeilt war und allein an der Aisne stand, wurde der stark erschöpften Truppe am 7. Juni ein Rasttag gewährt.

Die Vorbereitungen für den Angriff über die Aisne liefen ähnlich ab wie beim Übergang über den Oise-Aisne-Kanal; jedoch mit dem Unterschied, dass sich die Jahreszeit der Sommersonnenwende immer mehr näherte. In der Nacht vom 7. zum 8. Juni zogen die Gebirgsjägerregimenter 98, 99 und 100 in ihre Bereitstellungsräume. Die Gebirgspioniere rollten mit ihren Pontonfahrzeugen für den Brückenschlag an die dafür vorgesehenen Brückenstellen heran, während die eigene und die gegnerische Artillerie von Stunde zu Stunde mehr und mehr Granaten auf die vermuteten gegnerischen Stellungen feuerten.

Dann war es endlich soweit. Die Nervenanspannung der Angriffskompanien wich merklich, als sie den Befehl zum Losschlagen erhielten. Unter dem Schutzschild der Gebirgsartillerie wurde die Aisne nach wechselvollem Kampf von den Gebirgsjägern, den Gebirgspionieren, den Gebirgspanzerjägern, den Tragtierkompanien und dem Gros der 1. Gebirgsdivision überschritten. Es sollte für den Leutnant Spindler und seine tatendurstigen Jäger der Beginn eines außergewöhnlichen Siegeszuges durch Frankreich werden!

Nachdem die Franzosen auch noch die Hiobsbotschaft der Niederlage vom nordfranzösischen Kriegsschauplatz erhalten hatten, wichen sie auf der ganzen Front zurück. Aus diesem Grund wurde die Verfolgung am 9. Juni 1940 wieder aufgenommen, um den stark angeschlagenen Feind zu stellen. Als das geschehen war, wurden die Franzosen durch abgestellte Trupps entwaffnet und in die Gefangenschaft abgeführt. Ohne Zweifel: Der Gegner war erschüttert, sein Rückzug glich mehr einer heillosen Flucht als einer geordneten Absetzbewegung; kurzum, Verwirrung auf der ganzen Linie. Für die Deutschen wurde der Feldzug dagegen zusehends zu einem Verfolgungsrennen auf den staubigen Straßen Frankreichs.

Am Abend des 9. Juni 1940 erreichten die Gebirgstruppen noch den kleinen Flusslauf des Ourcq und bereiteten ihren dortigen Angriff vor. In der Nacht schafften sie einen Brückenkopf und erleichterten damit der Truppe am kommenden Tag den Übergang über das aus dem Ersten Weltkrieg bereits so gefürchtete Wasserhindernis.

Tags darauf konnte sich der Feind mangels eigener Artillerie kaum noch der „Blumenteufel" erwehren, sodass er sich schließlich ergab. Das veranlasste General Ludwig Kübler, zwei schnelle Vorhuten zu bilden, um den deutschen Schicksalsfluss des Ersten Weltkrieges so schnell wie nur irgend möglich zu erreichen. Hierzu gab er den begeistert aufgenommenen Befehl heraus: „Die Truppen haben freie Bahn im Wettlauf zur Marne!"

Jetzt waren die Regiments- und Bataillonskommandeure und ihre Männer nicht mehr zu halten. „Hin zur Marne", lautete ihre Parole.

Hitze und Schweiß, zerschundene Füße und erschöpfte Muskeln wurden nicht mehr wahrgenommen. Denn das magische Wort „Marne" ließ die Qualen des seit Tagen andauernden Wettlaufs mit dem Gegner vergessen. Der deutsche Schicksalsfluss mobilisierte die letzten Reserven der Deutschen.

„Hin zur Marne!" So schallte es tausendfach durch die Regimenter, Bataillone und Kompanien der 1. Gebirgsdivision. Nimmt es da wunder, dass der 11. Juni 1940 von einem wahren Wettlauf der „Blumenteufel" zur Marne gekennzeichnet war?

Es war ein Wettrennen, das schließlich – im Gegensatz zum Kriegsjahr 1914, als sich das launische Kriegsglück unversehens auf die Seite der Franzosen geschlagen hatte – von den Deutschen gewonnen werden konnte.

Am 13. Juni 1940 trat die 1. Gebirgsdivision zur weiteren Verfolgung des stark angeschlagenen Gegners an. Petit Morin, Grand Morin sowie Seine, Yonne, Quanne, Loire und Cher hießen die Flüsse, die der Leutnant Wilhelm Spindler und seine Bergkameraden im Verlauf der weiteren Verfolgung noch zu überqueren hatten. Doch trotz aller Härte, Hitze und Entbehrungen, die sie auszuhalten, ja zu durchleiden hatten, in allzu schwere Kampfhandlungen wurden sie glücklicherweise nicht mehr verwickelt. Die Tage vom 13. bis 18. Juni 1940 gestalteten sich für das Gebirgsjägerregiment 98 stattdessen zu einem wahren Siegeslauf nach Süden; wenn sich zuweilen der völlig demoralisierte Feind auch noch ein letztes Mal aufbäumte.

Es war im Cherabschnitt bei Bourges, als der Kommandeur der 1. Gebirgsdivision den Befehl erhielt, den Kampf einzustellen. Damit waren die wesentlichen Kampfhandlungen für Spindler im Frankreichfeldzug abgeschlossen. Nun erließ General Ludwig Kübler am 20. Juni 1940 bei Presly einen Tagesbefehl, in dem er den „Siegeslauf ohnegleichen“, wie er sich ausdrückte, für seine Gebirgssoldaten noch einmal Revue passieren ließ:

1. Gebirgs-Division
Kommandeur

Bei Presly, 20.6.1940.

SOLDATEN!

Die 1. Gebirgs-Division beendet, zu neuen Taten berufen, diesen Feldzug.

Es war ein Siegeslauf ohnegleichen.

In neuntaegiger Durchbruchsschlacht vom 5. bis 13. Juni habt Ihr den Feind vernichtend geschlagen. Ihr habt ihn angegriffen und durchbrochen

***an der* Ailette *bei* Coucy-le-Château,**
***an der* Aisne *bei* Soissons,**
am* Ourcq *bei* Vichel *und
***an der* Marne *bei* Château-Thierry.**

Als Ihr bis zum Grand Morin 90 km tief vorgedrungen wart, war die entscheidende Bresche geschlagen durch die sich nunmehr die Panzerkorps in die Weite des Landes ergiessen konnten

In siebentaegiger Verfolgung vom 14. bis 20. Juni habt Ihr den Feind immer wieder eingeholt und erneut geschlagen.

Ueber die Seine, *die* Loire *und*
die Yonne, *den* Cher

seid Ihr 220 km weit vorgestossen bis Euch hoeherer Befehl Halt gebot 11 000 Gefangene sind eingebracht. die Beute ist unübersehbar.

Wir neigen uns in Ehrfurcht vor unseren Toten die ihr Leben, wir grüssen unsere Verwundeten die ihre Gesundheit geopfert haben.

SOLDATEN!

Wieder. wie in Galizien und vor Lemberg habt Ihr Eure Pflicht erfüllt. Wieder wie in Polen. war die 1. Gebirgs-Division allen anderen stets weit voraus, an der Spitze der Armee

Ich danke Euch. weil Ihr tapfer wart und treu.

Unsterblicher Ruhm kroent die 1. Gebirgs-Division

Seid stolz !
Wir grüssen die Heimat.
Es lebe der Führer !

Kübler

Der Tagesbefehl von General Kübler, herausgegeben in Presly am 20. Juni 1940.

Seit dem 25. Juni 1940 schwiegen die Waffen zwischen Deutschland und Frankreich endgültig. Oberst Picker wurde nun mit seinem Gebirgsjägerregiment 98 im Rahmen der 1. Gebirgsdivision mit Sicherungsaufgaben an der Demarkationslinie zum nichtbesetzten Teil Frankreichs betraut. Von Juni 1940 bis März 1941 wurde der Regimentskommandeur zunächst in die vorbereitenden Maßnahmen zum Unternehmen „Seelöwe" und dann zum Unternehmen „Felix" herangezogen. Hinter dem Ersteren verbarg sich die Landung auf den Britischen Inseln und ihre Besetzung durch die Deutsche Wehrmacht. Beim zweiten Unternehmen ging es um die Eroberung des Affenfelsens von Gibraltar. Da jedoch beide Operationen nicht durchgeführt wurden, wurde Picker mit der 1. Gebirgsdivision im März 1941 in den Raum Wiener Neustadt verlegt. Von hier aus nahm der Oberst im Frühjahr 1941 mit seinem Gebirgsjägerregiment 98 am Jugoslawienfeldzug teil.[33]

General Hubert Lanz (zweiter von links mit Baskenmütze) mit seinen engsten Mitarbeitern vor dem Madrider Schloss während einer Erkundungsfahrt für das Unternehmen „Felix".

Dieses im Original farbige Gemälde mit dem Porträt von Ludwig Kübler schmückte Jahrzehntelang das Offizierskasino in der Kaserne in Mittenwald.

Die Soldaten mit dem Edelweiß waren es, die General Ludwig Kübler, den Bauherrn der deutschen Gebirgstruppe, durch die harten Jahre des Zweiten Weltkrieges begleitet haben.

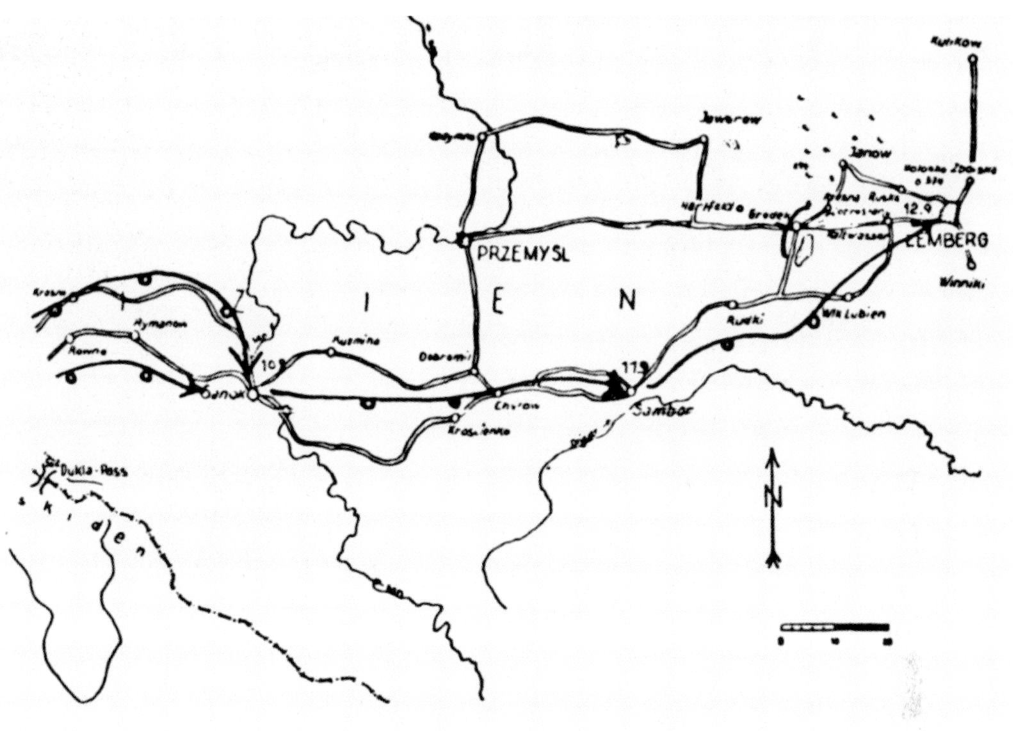

Die Karte zeigt die „Sturmfahrt auf Lemberg"
der 1. Gebirgsdivision.

Ausgebrannte polnische Flugzeugwracks bleiben
auf dem Flugplatz von Lemberg zurück.

*Eine Wagenkolonne beim Versuch,
den San zu überqueren.*

Deutsche und sowjetische Soldaten
an der Demarkationslinie im geteilten Polen.

Nach Beendigung des Polenfeldzuges wird die 1. Gebirgsdivision ins westliche Reichsgebiet verlegt.
Die Gebirgsjäger haben ihre Eisenbahnwagen schön mit Kreidesprüchen und Edelweiß geschmückt.

General Kübler kurz vor dem Abflug mit einem Flieseler Storch zur Westgrenze im Mai 1940. Neben ihm geht sein 1. Generalstabsoffizier (Ia) Major im Generalstab Hans Degen.

General Kübler reitet an der Spitze seiner 1. Gebirgsdivision durch Nordfrankreich im Mai 1940.

Eine Truppe von Soldaten auf dem Vormarsch.

*Eine Gruppe Gebirgsjäger verschnauft kurz,
bevor sie weiter vorrücken.*

Müde und abgekämpft gönnen sich die Gebirgsjäger eine Pause in einem schattigen Waldstück. Ein Hauptmann der Gebirgsjäger nutzt die Zeit zum Gespräch mit seinen Männern.

Hier erfolgt die Wachablösung an einem der zahlreichen Kanäle in Nordfrankreich.

General Kübler mit seinem Ia Oberstleutnant im Generalstab Degen in ausgelassener Stimmung, kurz nach Abschluss des deutsch-französischen Waffenstillstandes im Juni 1940.

Gefangene Franzosen werden unter Aufsicht abtransportiert.

Einmarsch der 1. Gebirgsdivision in die Untersteiermark während des Balkanfeldzuges im April 1941.

Angespannt warten die Soldaten, teils in Decken gehüllt, auf den Angriffsbefehl.

Zwei Soldaten vor einer Reihe unschädlich gemachter serbischer Straßenminen bei Windischgraz.

Oberst Hermann Kreß mit seinem Stab bei einer Pause am Straßenrand in Jugoslawien während des Balkanfeldzuges.

Fahrzeuge der 1. Gebirgsdivision bei Celje (Cilli) im April 1941. Der Pkw hat Feldpost gebracht.

General Ludwig Kübler (Zweiter von rechts) als Kommandierender General des neu aufgestellten XXXXIX. Gebirgsarmeekorps nach Beendigung des Jugoslawienfeldzuges mit seinen engsten Mitarbeitern am Wörthersee.

General Hubert Lanz schreitet als neuer Kommandeur der 1. Gebirgsdivision nach Beendigung des Balkanfeldzuges eine Ehrenformation ab.

Der kurze Feldzug gegen Jugoslawien

Die Hoffnungen Hitlers, den Krieg 1940 durch einen Sieg über Großbritannien im Westen zu beenden, hatten sich nicht erfüllt, nachdem das Unternehmen „Seelöwe“, mit dem eine Landung auf den Britischen Inseln geplant war, ins Wasser gefallen war. Schon zogen neue, schwere Gewitterwolken am europäischen Horizont herauf, dieses Mal im Südosten, die auf eine Ausweitung des Zweiten Weltkrieges hindeuteten.

Denn während Hitler noch im Herbst 1940 nach politischen und militärischen Verbündeten Ausschau gehalten hatte, eröffnete Italien auf eigene Faust von Albanien aus einen Angriff auf Griechenland, was keineswegs den Plänen Hitlers entsprach. Vielmehr versuchte der gekränkte Mussolini, sein bereits arg angekratztes Prestige mit einem siegreich geführten Feldzug auf dem südosteuropäischen Kriegschauplatz aufzupolieren. [34]

Denn die deutschen Erfolge in Polen, Frankreich und Norwegen sowie die militärische und wirtschaftliche Durchdringung Rumäniens durch Deutschland ließen den Duce nicht ruhen. Er betrachtete das Mittelmeer nämlich als sein Meer und strebte für Italien die Rolle einer Mittelmeerhegemonialmacht nach dem Vorbild des Römischen Reiches an. Doch die Italiener konnten sich gegen die zahlenmäßig unterlegenen Griechen nicht durchsetzen. Vielmehr drangen diese im Winter 1940/1941 siegreich in das italienisch besetzte Albanien vor. Als es dann auch noch in Jugoslawien zu einem Sturz der deutschfreundlichen Regierung kam, griff die Deutsche Wehrmacht Jugoslawien und Griechenland gleichzeitig an. In einem weiteren Blitzkrieg wurden beide Länder besiegt und besetzt.

Soweit der kurze militärpolitische Überblick über den Balkanfeldzug. Wie es Wilhelm Spindler und seinen Frontsoldaten dabei ergangen ist, das erfahren wir jetzt. Nach einer unbeschwerten Zeit im Raum Wiener Neustadt verlegte das Gebirgsjägerregiment 98 unter Oberst Egbert Picker mit der übergeordneten 1. Gebirgsdivision unter Generalmajor Hubert Lanz Ende März 1941 in den Kärntner Raum Völkermarkt sowie in die Steiermark, um sich in den zugewiesenen Bereitstellungsraum zu begeben.

„Es wird angegriffen“, erfahren wir von Egid Gehring. „Jäger, Tragtiere, pferdebespannte Wagen ziehen auf der schleifenreichen Straße talwärts, von Weitenstein hinunter in den Taleinschnitt des Baches. Mensch und Tier ducken sich eng zusammen, wenn Motorfahrzeuge an ihnen vorbeischlüpfen. Die Männer hören das Hupen gar nicht mehr, sie sind ganz in dem eintönigen Marschieren befangen und wissen nur: da vorne, wo nach den Steilwänden das Tal offen auseinanderrinnt, wird es zum Angriff gehen. Alles sonst scheint ihnen gleichgültig zu sein. Oft genug geht es nur hart an dem Kolben eines umgehängten Gewehres vorbei, und was die Männer dann zu den

Umschlag des Erinnerungsbuches
„Unterm Edelweiß in Jugoslawien".

Panzerjägern hinaufrufen, sind nicht unbedingt Glück- und Segenswünsche für eine frohe Weiterfahrt.

Herrgott, dieses Land ist schön! Kalt ist es wohl auch. Mit dem Pickel haben die Kradler das Eis zwischen den Reifen und dem Schutzblech herausschlagen müssen. Aber schön ist das Land, und die Leute sehen es, obgleich sie mit anderem belastet sind. Bach und senkrechte Felswand sparen nur einen sehr schmalen Streifen Straße aus mit haarnadelscharfen Kehren, einer erbärmlichen Fahrbahn, Kälte, Staub, Schlaglöchern, bedrohlich dahintorkelnden Fahrzeugen neben endlosen Ketten von Maultieren. Das ist fürs Erste die Vormarschstraße.

Als die eng eingeschnittene Kluft sich zum Tal öffnet, rasseln mit ihrem eigenartig sägenden Lärm der Gleisketten die gepanzerten Zweizentimeterflak nach vorn; auf dem ersten Panzer steht der Divisionskommandeur.

Der Vorhutführer erstattet Bericht über die Nacht und den Vormittag.

Es geht gegen Mittag, doch bis jetzt noch haben die Serben sich zur Wehr gesetzt. Da liegen neben dem Weg die schweigenden Zeugen des schwersten Nachtkampfes, da müsste nun eigentlich der Angriff losschlagen, wenn die Serben weiter daran denken, ihre Absicht zu verwirklichen.

Jetzt sind sie nicht mehr da. Sie sind weggeblasen, wie vom Boden aufgeschluckt, aufgesogen von den Wäldern die für einen Überfall ebenso Deckung bieten wie für die Flucht.

Aufreizend langsam schiebt sich die gepanzerte Motorlafette vorwärts, die Gläser suchen links, tasten rechts den Hang hinauf. Das Gefährt hält plötzlich an, das Rohr dreht sich herum und tastet den suchenden Gläsern nach – es ist nichts. Kein Serbe ist mehr da. Sie laufen noch ganz oben am Hang, weit weg, aber sie haben keine Waffen mehr."[35]

Der Ostersonntag war anstrengend. Mit großen Höhenunterschieden zogen an jenem Tag die Gebirgstruppen bei einer Tagesleistung von etwa fünfzig Kilometern in Richtung Cilli. Die ersten Slowenen zogen sich zurück. Fünfundzwanzig Kilometer vor Cilli wurde ein Quartier bezogen.

Tags darauf, am 14. April 1941, erfolgte der Weitermarsch in Richtung Cilli. Ein Bahntransport war geplant. Scheinbar war der gegnerische Widerstand schon gebrochen, denn das Gros der serbischen Armee brach bereits bis zu diesem Tag zusammen.

Den Grund dafür berichtete den Deutschen ein Überläufer, laut dem sich „die ganze Sinnlosigkeit des SHS-Staates" in seiner Armee widerspiegele: „Einer ist als Aufpasser bestimmt für den anderen. Die Slowenen und Kroaten wären sofort bereit zur Übergabe, wenn nicht hinter ihnen die Bosniaken und Serben stünden, die jeden Versuch des Überlaufens mit Waffengewalt verhindern."[36] Am nächsten Tag erfolgte ein Rückmarsch von zwei Kilometern und danach der Bezug von Quartieren in kleinen Ortschaften. Im Feldzug gegen Jugoslawien überwand das Gebirgsjägerregiment 98 unter Oberst Picker mit der 1. Gebirgsdivision unter Generalmajor Lanz, die nach Ausscheiden des Gebirgsjägerregiments 100 und Teilen des Gebirgsartillerieregiments 79 an die 5. Gebirgsdivision des Generalmajors Julius Ringel nur mehr ein zweigliedriger Großverband mit den Gebirgsjägerregimentern 98 und 99 sowie dem amputierten Gebirgsartillerieregiment 79 war, unter dem neuaufgestellten XXXXIX. Gebirgsarmeekorps des Generals der Infanterie, später Gebirgstruppe Ludwig Kübler die starken jugoslawischen Befestigungen an der Drau.

In einem Sturmlauf erreichten die Gebirgstruppen Cilli und drangen mit der bewährten motorisierten Vorausabteilung „Lang" tief nach Süden bis Bihać und Agram vor. Andere deutsche Verbände – unter ihnen die neuaufgestellte 4. Gebirgsdivision unter dem Generalmajor Karl Eglseer[37] – traten von Bulgarien aus zum Angriff auf Jugoslawien an, sodass das Land in weniger als zwei Wochen geschlagen war. Am 10. April 1941 erklärte sich Kroatien zum selbstständigen Staat.

Das Unternehmen „Barbarossa" 1941

Bis Anfang Mai 1941 waren alle Teile des XXXXIX. Gebirgsarmeekorps und der 1. Gebirgsdivision nach einem Bahntransport über Wien, Pressburg und Warschau im Raum Prešov – Krynica – Neu Sandez in der nördlichen Slowakei versammelt. Meist wurde nachts gefahren oder marschiert, um den deutschen Aufmarsch gegen die Sowjetunion so lange wie möglich zu verschleiern.

Zwischen den Waldkarpaten und der Hohen Tatra – unweit der historischen Schlachtfelder aus dem Ersten Weltkrieg – wartete der Oberst Egbert Picker als Kommandeur des Gebirgsjägerregiments 98 mit seinen Führern und Unterführern dann auf die entscheidenden Befehle.[38]

Es war Ende Mai, als die ersten Vorbefehle für das Unternehmen „Barbarossa", wie der Angriff gegen die Sowjetunion genannt wurde, eintrafen. Anfang Juni ging es dann Richtung Osten. Am Tag des deutschen Angriffs gegen die UdSSR war die Kräftegruppierung von Ostpreußen bis Rumänien folgende:

Den drei deutschen Heeresgruppen standen drei sowjetische gegenüber – und zwar im Norden die Heeresgruppe Nord des Generalfeldmarschalls Wilhelm Ritter von Leeb mit 26 Divisionen gegenüber der sowjetischen Heeresfront „Baltikum" unter dem Marschall Woroschilow mit 33 Divisionen und 6 motorisierten Brigaden beziehungsweise Divisionen; in der Mitte die Heeresgruppe Mitte des Generalfeldmarschalls Fedor von Bock mit 48 Divisionen gegenüber der sowjetischen Heeresfront „Westfront" unter dem Marschall Timoschenko mit 46 Divisionen und 9 motorisierten Brigaden beziehungsweise Divisionen sowie im Süden die Heeresgruppe Süd des Generalfeldmarschalls Gerd von Rundstedt mit 41 deutschen und 16 rumänischen Divisionen gegenüber der sowjetischen Heeresfront „Südwest" unter dem Marschall Budjonny mit 77 Divisionen und 14 motorisierten Brigaden beziehungsweise Divisionen.

Bis zum 20. Juni 1941 bezogen die Gebirgsjägerregimenter 98 unter Oberst Egbert Picker und 99 unter Oberst Hermann Kreß sowie das der 1. Gebirgsdivision zugeteilte Infanterieregiment 188 und die Divisionsartillerie ihre gutgetarnten Sturm- und Feuerstellungen in den Bereitstellungsräumen.

Am 22. Juni 1941 überschritt das deutsche Ostheer aus seinen Bereitstellungsräumen heraus die sowjetische Grenze. Das XXXXIX. Gebirgsarmeekorps des Generals Ludwig Kübler wurde mit der 1. Gebirgsdivision des Generals Hubert Lanz und der 4. Gebirgsdivision des Generals Karl Eglseer im Rahmen der Heeresgruppe Süd in Richtung Lemberg angesetzt.

Lautlos und schemenhaft bewegten sich im ersten Büchsenlicht die Angriffsspitzen der Gebirgsjägerregimenter aus ihren Bereitstellungsräumen und drangen gegen den sowjetischen Grenzzaun vor. Das Gebirgsjägerregiment 99 hatte die Höhe 273 und

Oleszce Stary zum Ziel, das Gebirgsjägerregiment 98 die Kuppe 242 und den Ostteil des besagten Ortes.

„Auf der Weiterfahrt durchquerten wir die Städte Rymanow und Sambor. Dort erlebten wir etwas völlig Überraschendes und zudem Grauenhaftes", erfahren wir von Oberleutnant Michael Pössinger aus dem Werdenfelser Land. „Wir wurden Zeugen eines Judenpogroms und mussten mitansehen, wie auf dem Marktplatz kleine Kinder an den Beinen genommen und mit den Köpfen gegen die Wand geschlagen wurden.

Auf die älteren, darunter auch Frauen, schlug man mit Steinen ein. Mit Waffengewalt gingen wir dazwischen und retteten die Juden vor den Polen. Wir trieben die Menge auseinander und schossen in die Luft, bis die Juden entkommen konnten. Totgeschlagene Frauen, Männer und Kinder blieben zurück. Mehr konnten wir nicht tun. Wir durften uns ja nicht lange aufhalten, weil wir Befehl hatten, unser Ziel möglichst schnell zu erreichen."[39]

Es soll an dieser Stelle jedoch nicht damit hinter dem Berg gehalten werden, dass derartige Verbrechen auch auf Seiten der Wehrmacht zu beobachten waren und hier keineswegs der Anschein erweckt werden soll, dass die Gebirgsjäger als Beschützer der Juden und der Schwachen eintraten. Dies war zu keiner Zeit des Zweiten Weltkrieges der Fall.

Oberst Picker erreichte mit seinen Regimentsoffizieren sein Tagesziel ohne besonders schwere Kampfhandlungen. Am Abend des 24. Juni 1941 grub sich das Gebirgsjägerregiment 98 längs der Straße Jazow Stary – Niemirow ein. Als die Gebirgsjäger am Abend müde in ihren Deckungslöchern kauerten, hatte die 1. Gebirgsdivision bereits eine Frontausdehnung von etwa dreißig Kilometern erreicht.

Nach schweren Grenzkämpfen setzte Oberleutnant Spindler mit dem Gebirgsjägerregiment 98 nun zum zweiten Mal zum Sprung auf die galizische Hauptstadt an. Mit Sturm- und Vierlingsflakgeschützen auf Selbstfahrlafetten erreichte man die Försterei Jaryna. Damit kontrollierten die Gebirgsjäger ein wichtiges Straßenkreuz sieben Kilometer westlich von Janow mitten im Wald. Wie eine Rollbahn verlief die große Waldstraße fast schnurgerade von Jaworow nach Janow. Rechts und links der Straße lagen steckengebliebene sowjetische Panzer und ausgebrannte Kraftfahrzeuge.

Die Kommandeure Picker, Kreß, Winkler und Lang warteten nur noch auf das Startzeichen zur Eroberung von Lemberg. Die Gefechtsgruppe Picker verblieb vorläufig noch in ihrer bisherigen Gliederung in den erreichten Stellungen. Nachdem General Lanz seine Befehle erteilt hatte, marschierten die Gebirgsjäger in stockdunkler Nacht in den finsteren Wald um Janow. In den Morgenstunden griff Picker dann in Richtung Janow an.

Es war Ende Juni 1941, als das XXXXIX. Gebirgsarmeekorps den Raum um Lemberg erreicht hatte – und zwar mit der 1. Gebirgsdivision auf dem linken Flügel, der 4. Gebirgsdivision, die zunächst noch in Reserve lag, der 68. und 257. Infanteriedivision sowie der 100. und 101. leichten Infanteriedivision gegen den Frontbogen nördlich von Przemysl vorstoßend. Selbstbewusst verkündete General Lanz: ‚Jetzt gehört Lemberg uns.'"[40]

So kam es dann auch. Die 4. Gebirgsdivision schwenkte südlich an Lemberg vorbei und verfolgte in anstrengenden Märschen den nach Osten ausweichenden Gegner. Der 1. Gebirgsdivision blieb es vorbehalten, am 30. Juni 1941 um 04.20 Uhr die altehrwürdige galizische Hauptstadt zum zweiten Mal zu erobern und, wie das Kriegstagebuch berichtet, „die Reichskriegsflagge auf der alten Zitadelle" zu hissen, nachdem die Sowjets die Stadt in der Nacht zum 30. Juni unerwartet geräumt hatten.[41]

Weiter heißt es dann: „Die Regimentskommandeure rücken mit je einem Bataillon an der Spitze ihrer Truppen auf beide Zitadellen vor. [...] Artilleriefeuer auf Lemberg unterbleibt." Der Stab des XXXXIX. Gebirgsarmeekorps bezog sein Hauptquartier im Rathaus.

„Die in Lemberg einrückenden Truppen der 1. Gebirgsdivision machen eine schaurige Entdeckung", lautete die Eintragung am 30. Juni 1941 im Kriegstagebuch des XXXXIX. Gebirgsarmeekorps. „In den Kellern des brennenden Brigittegefängnisses und wie sich später herausstellt auch in anderen Gefängnissen, liegen viele Hunderte von Leichen erschossener, in bestialischer Weise verstümmelter Ukrainer. Das Generalkommando ordnet sofort die erforderlichen Maßnahmen zur Verhütung von Seuchen, die durch die Massen von halbverwesten Leichen entstehen könnten, an. Ferner befiehlt es Maßnahmen zur möglichen Identifizierung der von der GPU erschossenen Männer, Frauen und Kinder.

Unter der Bevölkerung herrscht über die Schandtaten der Bolschewisten rasende Erbitterung, die sich gegenüber den in der Stadt lebenden Juden, die mit den Bolschewisten stets zusammengearbeitet hatten, Luft macht. Im Übrigen sind die Vorgänge durch die Presse bekannt geworden."[42]

Es war ein Bild des Grauens und Schreckens, das man zu sehen bekam. Als sie am 30. Juni 1941 in die Stadt einmarschierten, betäubte ein süßlicher Leichengeruch von vier bis fünf Tagen zuvor brutal ermordeten Menschen ihre Sinne ekelerregend. Was war geschehen? Die deutschfreundliche ukrainische Bevölkerung, die sowohl von den Polen und Russen als auch von Juden immer wieder unterdrückt worden war, übte an ihren Peinigern eine brutale Vergeltung. Vor ihrem Abzug wurden daher Tausende von Volksdeutschen und Ukrainern von den Sowjets zusammengetrieben und Hunderte – insbesondere intellektuelle Polen und Ukrainer – in den dunklen Kellern der Gefängnisse auf bestialische Art und Weise hingerichtet, erschlagen und ermordet. Ein Schauplatz dieses Massakers war der Hof des GPU-Gefängnisses. In ihm waren die scheußlichsten Verbrechen verübt worden. Der Verwesungsgeruch der grässlich verstümmelten Leichen war derart weit fortgeschritten, dass die Türen und Fenster der umliegenden Häuser von den Bewohnern wegen des penetrant süßlichen Leichengeruchs mit Papier abgedichtet worden waren.

Unverzüglich traf die internationale Presse aus den neutralen Staaten Schweiz und Schweden sowie aus den Vereinigten Staaten von Amerika zur Besichtigung und Berichterstattung ein. Dann wurden die Journalisten vom Oberfeldrichter des Stabes des XXXXIX. Gebirgsarmeekorps an Ort und Stelle geführt. Das hatte – wie sich insbesondere in der Nachkriegszeit zeigen sollte – seinen guten Grund. Denn die Massenmorde von Lemberg stellten lange Zeit ein Politikum allererster Größenordnung dar, da sie einerseits von den eingeflogenen Pressevertretern und andererseits von östlicher Seite während des Kalten Krieges immer wieder als deutsche Kriegsverbrechen dargestellt und damit der Deutschen Wehrmacht, insbesondere jedoch der 1. Gebirgsdivision, die die galizische Hauptstadt ohne Beteiligung von anderen Verbänden eingenommen hatte, zugeschrieben wurden.

Obwohl das Massaker an den Juden und Ukrainern in Lemberg nur am Rande etwas mit den reinen Kampfhandlungen im Südabschnitt der Ostfront zu tun hat, wurde unter anderem auch der Oberfeldrichter des XXXXIX. Gebirgsarmeekorps in die Ermittlungen der Wehrmachtuntersuchungsstelle über die Alliierten Völkerrechtsverletzungen im Zweiten Weltkrieg eingeschaltet. Dem erschütternden Tätigkeitsbericht konnte man unter anderem entnehmen:

„Wie die Augenscheinnahme der im GPU-Gefängnis vorgefundenen Leichen ergab, sind der Ermordung schwerste Folterungen und Marterungen vorausgegangen. [...] Bei den Ermordeten handelt es sich zum größten Teil um Ukrainer, im Übrigen um Polen. Nach den Aussagen von Zeugen sind in diesem Gefängnis gleichfalls zwei verwundete deutsche Flieger eingeliefert worden. Ein Fliegerkoppel und eine Fliegermütze wurden in den Räumen des Gefängnisses gefunden. Auf einen Fliegerstahlhelm stieß man beim Ausgraben eines Massengrabes.“[43]

Weitere Aufschlüsse enthalten die Aussagen von höheren deutschen Offizieren, die sich im Sommer 1941 kurz in Lemberg aufgehalten haben. So erklärte der spätere Generalleutnant Egbert Picker nach Kriegsende am 5. Juli 1946:

„Unmittelbar nach der Einnahme von Lemberg wurde mir gemeldet, dass nach Aussagen von Einwohnern in zwei Gefängnissen eine große Anzahl ermordeter Lemberger lagen. Ich besuchte noch am gleichen Tage die beiden Gefängnisse. Ich fand in dem einen, das als das staatliche Gefängnis bezeichnet wurde, dass im Hofe nebeneinander in vielen Reihen die Leichen aufgelegt waren, teilweise mit Verstümmelungen scheußlicher Art. Im anderen Gefängnis, das als GPU-Gefängnis bezeichnet wurde, fand ich ebenfalls im Hofe die aufgereihten Leichen und die nach Angehörigen suchenden Zivilpersonen.“[44] Und weiter berichtete Egbert Picker: „Ferner sah ich in einem kleinen Nebenhof, abseits von den aus dem Gebäude kommenden Leichen, die offenbar Juden waren und, wie im Hofe erzählt wurde, erst nach dem fast kampflosen Abmarsch der Russen aus Lemberg von der ortsansässigen Zivilbevölkerung zur Vergeltung getötet worden sein sollen. Beim Verlassen des Gefängnisses sah ich in zwei oder drei Fällen, dass Juden von mit Armbinden versehenen ortsansässigen Zivilisten zum Gefängnis geführt wurden, in einem Fall unter Prügeln mit einem Stock.

Ich ging daraufhin noch am gleichen Tage zum obersten militärischen Führer der Stadt, General der Gebirgstruppe Kübler, um ihm das Geschehene zu melden und Abstellung zu veranlassen. Er teilte mir mit, dass er diese Tatsachen bereits wisse und Befehle gegeben habe, diese Ausschreitungen der Zivilbevölkerung gegen die Juden sofort zu verhindern."[45]

Was war geschehen? Am 25. und 26. Juni war es zu einem Aufstand ukrainischer Nationalisten gekommen, die ihre Hoffnung auf Befreiung von den Sowjets in den Deutschen sahen. Viele von ihnen waren daraufhin vom NKWD inhaftiert worden. Als sich der rasche Vormarsch der Deutschen Wehrmacht abzeichnete und die Rote Armee zum Rückzug gezwungen war, wurde ein Großteil der Häftlinge – etwa 5.000 Männer, Frauen und Kinder – ermordet.

Ein Schauplatz dieses Massakers war der Hof des GPU-Gefängnisses. In ihm waren die scheußlichsten Verbrechen verübt worden. Die Deutsche Wehrmacht fotografierte die Leichen und dokumentierte die Aussagen von Überlebenden, um sie mit ausdrücklichem Einverständnis Hitlers an das Reichspropangandaamt für dessen antisowjetische Kampagnen weiterzugeben. Am 8. Juli notierte Josef Goebbels in sein Tagebuch: „Abends Wochenschau bearbeitet mit erschütternden Szenen der bolschewistischen Gräueltaten in Lemberg. Ein Furioso! Der Führer ruft an: das sei die beste Wochenschau, die wir je gemacht hätten."[46]

Auch wenn die Deutsche Wehrmacht an dem Massaker an den ukrainischen Nationalisten in Lemberg keinen Anteil hatte, wie es später in den Zeiten des Kalten Krieges von sowjetischer Seite dargestellt werden sollte, so nahm sie dennoch im weiteren blutigen Verlauf des Geschehens in der Stadt eine schreckliche Rolle ein. „Die Deutsche Führung war offensichtlich bemüht, die Gelegenheit wahrzunehmen, um die Bürger Lembergs aufzuhetzen. Mittels Flugblättern und Anschlägen schob man pauschal Juden und Kommunisten die Schuld zu."[47] Weiterer Bestandteil der antisemitischen Inszenierung war das Auslegen der Leichen durch die ansässigen Juden, das zu einer weiteren emotionalen Aufhetzung der Pogromstimmung führte.

Noch am 30. Juli kam es zu ersten massiven Ausschreitungen gegen die jüdische Bevölkerung, bei denen vor allem die ukrainische Miliz OUN hervorstach, „die mit offensichtlicher Billigung des Stadtkommandanten Wintergest ‚für sogenannte Ordnung' sorgte".[48] Für ein Eintreten der verantwortlichen Offiziere gegen die Ausschreitungen existieren keinerlei Beweise, es muss also davon ausgegangen werden, dass diese mindestens hingenommen, vermutlich aber sogar aktiv unterstützt wurden. Am Folgetag, dem 1. Juli 1941, trafen die gefürchteten Einsatzkommandos 5 und 6 der Einsatzgruppe C der Sicherheitspolizei ein und setzten einen Großteil der jüdischen Bevölkerung gefangen. Am folgenden Tag wurden „die zur Arbeit tauglichen herausgeholt und 2.500 bis 3.500 Juden in einem Waldstück am Stadtrand von Angehörigen des Einsatzkommandos 5 und 6 und dem Einsatzkommando z.b.V. erschossen."[49]

Vom leidgeprüften Lemberg zog Oberst Picker mit dem Adjutanten des III. Bataillons/Gebirgsjägerregiment 98 dann in Richtung Stalinlinie. „In der Nacht zum 1. Juli geht es weiter", erfahren wir von seinem Divisionskommandeur Lanz. „Die Marschgruppen Picker und Kreß treten über Winniki nach Südosten an. Bald darauf folgt die verstärkte motorisierte Gruppe Lang mit dem Auftrag, Podhaice zu nehmen. Wir marschieren jetzt in das Schwarzerdegebiet hinein, in die Ukraine mit ihrer sagenhaften Fruchtbarkeit. Weizenfelder, soweit das Auge reicht. Die bäuerliche Bevölkerung ist freundlich und hilfsbereit."[50]

Die Kommandeure schleusten ihre Gebirgsjägerbataillone durch eine Bresche in der „Stalinlinie". So nannte man die Befestigungen östlich der bis zum Jahr 1939 bestehenden Westgrenze der Sowjetunion. Die in den 20er und 30er Jahren des 20. Jahrhunderts errichteten starken Grenzbefestigungen sollten die UdSSR vor einem Angriff aus dem Westen schützen. In den Jahren 1940/1941 wurden sie jedoch größtenteils abgebaut, da der Truppenaufmarsch der Roten Armee im Jahr 1941 einer sowjetischen Offensive gegen den Westen dienen sollte und die Marschälle nicht mit einem Rückzug ihrer Roten Armee und somit einer Verteidigung ihres eigenen Staatsgebietes rechneten. Die Deutsche Wehrmacht konnte daher im Ostfeldzug die „Stalinlinie" im Juni/Juli 1941 rasch durchstoßen.

Bereits am Abend des 15. Juli 1941 stand die 1. Gebirgsdivision an dem vom XXXXIX. Gebirgsarmeekorps befohlenen Tagesziel an der Straße Bar – Komorowzy – Wolkowinzy – Warinka. Entscheidenden Anteil am Durchbruch hatten die Gebirgsartilleristen. Nicht umsonst ist der 15. Juli 1941 in die Geschichte der „Edelweißdivision" als Tag der Artillerie eingegangen. Zwei Tage später trat die Gefechtsgruppe Picker um 08.00 Uhr zum Marsch über Stoduljuy, Sserbinowzy und Meshiroff an.

Drei volle Tage lang dauerten die verlustreichen Kämpfe mit den sowjetischen Nachhuten in den Wäldern bei Ludawka, Jozwin und Lityn. Eine völlig neue Schützendivision sollte den Deutschen den Weg nach Winniza versperren. Aber es half den Sowjets nicht mehr allzu viel. Denn die Schützendivision wurde nahezu vollkommen aufgerieben. Unverzüglich stieß die Vorausabteilung der 1. Gebirgsdivision gegen den Bug vor. Doch hören wir, wie der Divisionskommandeur Lanz die militärischen Ereignisse um Winniza gesehen hat:

„Durch das Städtchen Bar, in dem die Bevölkerung bereits plündert, schiebt sich die Division durch den Rowgrund gegen den Bahnknotenpunkt Zmerinka vor, nimmt

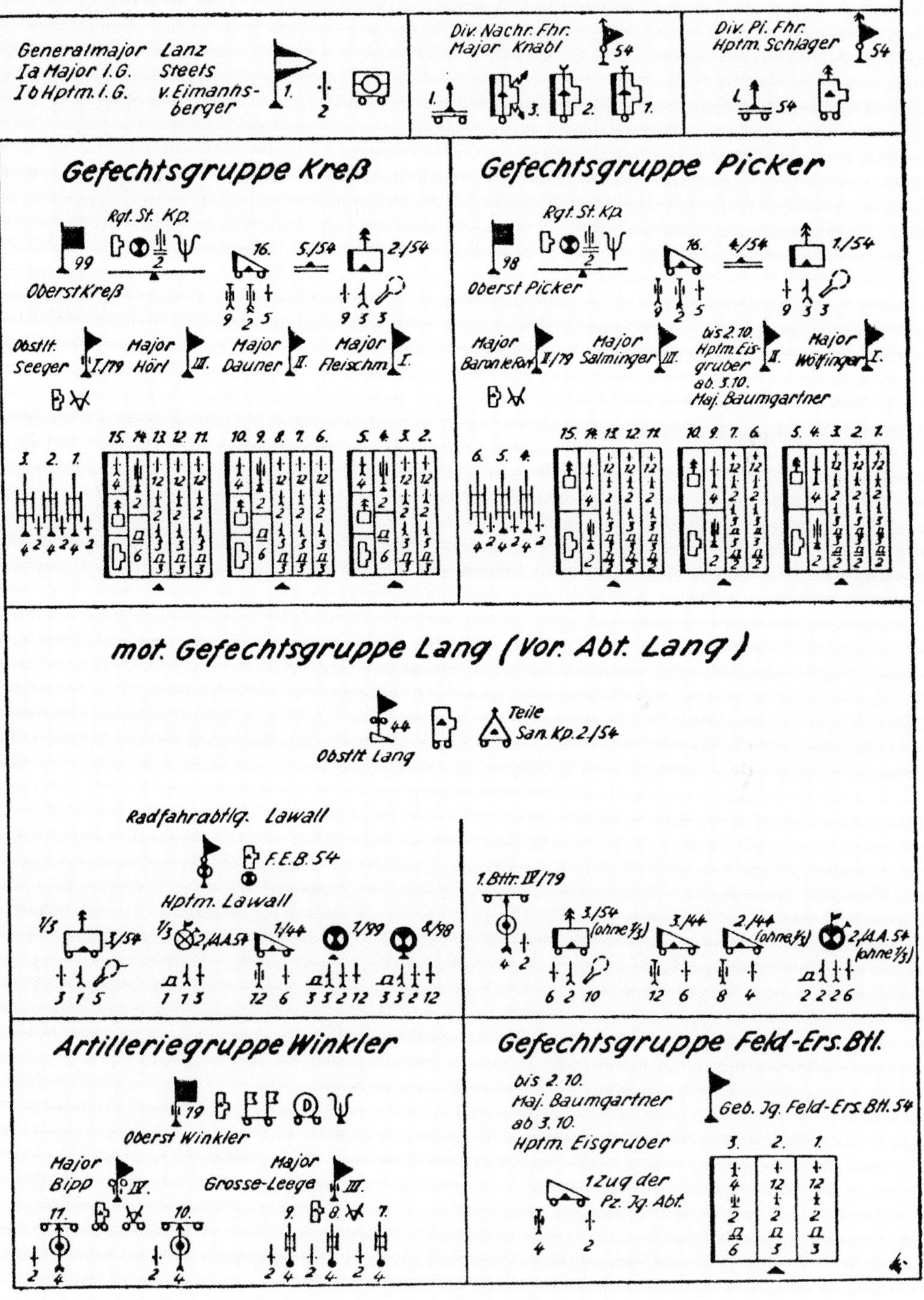

Die Gliederung der Gefechtsgruppen der 1. Gebirgsdivision am 20. August 1941.

diesen sowjetischen Nachhuten ab, dreht nach Nordwesten ein, um den Rowabschnitt von Bralow in Richtung Winniza gegen den feindlichen Druck aus Norden abzuriegeln. Während unsere 98er und 99er, treu unterstützt von unserer Artillerie und den Pionieren, wiederholt russische Ausbruchsversuche abwehren, stößt die verstärkte Vorausabteilung Lang unter Missachtung des ringsum stehenden Feindes über Luka an den Südrand von Winniza vor."[51]

Nachdem es vor Winniza zu einer vorübergehenden Krise gekommen war, kam es Dank der Entschlossenheit der Kommandeure und ihrer Stäbe doch noch zu einem deutschen Erfolg, sodass Oberst Picker mit seinen Gebirgsjägern wenig später vom Bug bis zum Ingulez vorstoßen konnte. Anfang August 1941 erreichten sie in Eilmärschen den Raum von Uman.

Am 1. August 1941 versammelte sich die Gefechtsgruppe Picker im Wald nördlich von Golowanewsk. Die 1. Gebirgsdivision bildete am 3. August zwei Abwehrfronten, und zwar eine nach Norden mit der Gefechtsgruppe Kreß und die andere mit der Gefechtsgruppe Picker nach Süden. Zwei Tage später konnten mehrere Gegenstöße der Roten Armee im Raum Uman abgewehrt werden. Zum Schutz der offenen linken Flanke wurde Pickers Gefechtsgruppe eingeschoben. Auch am 7. August machte sie von sich reden, als ihre kampfstarken Spähtrupps Podwyssokoje besetzten.

Nun schlug General Ludwig Kübler mit seinen beiden Gebirgsdivisionen, der 97. leichten Infanteriedivision und weiteren Verbänden die Korpsschlacht von Uman und Podwyssokoje, die als klassische Umfassungsschlacht in die Kriegsgeschichte eingegangen ist. Ein Großteil der 6. und der 12. Roten Armee wurde vernichtet; etwa 60.000 Gefangene, darunter die beiden sowjetischen Oberbefehlshaber, eingebracht.

Aber es gab für die Gefechtsgruppe Picker und ihre Einheiten kein Verschnaufen. Am 3. September trat sie den Weitermarsch an und erreichte das Steppengebiet nördlich von Andrejewka Perwaja. Vor ihrer Hauptkampflinie konnte nur geringer Feind festgestellt werden. Daher ging der Vormarsch immer weiter über den Dnjepr in die baumlose Nogaische Steppe, in der die 1. Gebirgsdivision vom 1. bis 18. September in Kampfhandlungen verstrickt wurde.

Die Tage zwischen dem 19. September und 8. Oktober standen ganz im Zeichen der erbitterten Gefechte am Panzerabwehrgraben von Timoschewka. Dort hatten die Sowjets eine starke Abwehrstellung errichtet. Bis zum Abend des 19. September hatte die Aufklärung festgestellt, dass dieses sowjetische Bollwerk überall besetzt und durch starke Artillerie abgeschirmt war. Daraufhin befahl das XXXXIX. Gebirgsartilleriekorps für den 20. September den Angriff. Hierzu erging vom Kommandeur der 1. Gebirgsdivision folgender Befehl:

„1. Feind hält Panzerabwehrgraben und Stellungen westlich Timoschewka. (Auch feindliche Artillerie.) Feindliche Vorstöße aus Richtung Malaja Belosjorka wurden von Gebirgsjägerregiment 98 abgewiesen. Rechts erreichte 170. Infanteriedivision Uspenskaja, links 4. Gebirgsdivision Raum fünf Kilometer ostwärts Boljschaja Belosjorka.
2. 1. Gebirgsdivision durchbricht aus dem Raum Mogila Dolgaja als Schwerpunktdivision des Korps mit den Gefechtsgruppen Kreß und Picker die feindliche Stellung und nimmt Timoschewka von Norden. Schwerpunkt liegt auf den beiden inneren Flügeln der Gefechtsgruppen Kreß und Picker. 170. Infanteriedivision übernimmt Schutz der rechten Flanke der Division, 4. Gebirgsdivision setzt sich am 20. September in den Besitz von Malaja Belosjorka und verhindert Feindeinwirkung von dort gegen linke Flanke der Division.
3. Es greifen an: rechts Gefechtsgruppe Kreß, links Gefechtsgruppe Picker [...]
4. Zeitliche Regelung des Angriffs: 20. September ab 09.00 Uhr Bekämpfung der feindlichen Artillerie und erkannter Ziele durch die Artillerie. 10.00 Uhr Einbruch in die feindliche Stellung.
5. Artillerie: Gruppe Winkler: III. Abteilung/Gebirgsartillerieregiment 79, IV. Abteilung/Gebirgsartillerieregiment 79, rumänische schwere Artillerieabteilung 57 unterstützt den Angriff der Gefechtsgruppen Kreß und Picker. Sie bekämpft erkannte feindliche Ziele im beobachteten Wirkungsfeuer und die feindliche Artillerie. Die Gebirgsartillerieabteilungen bleiben auf unmittelbare Zusammenarbeit mit den Gefechtsgruppen Kreß und Picker angewiesen.
6. Gefechtsgruppe Lang ohne 10. Batterie/Gebirgsartillerieregiment 79 sichert linke Flanke der Division und hält hierzu Verbindung mit dem rechten Flügel der Gefechtsgruppe Picker und dem linken Flügel der 4. Gebirgsdivision. Sie erreicht mit Fortschreiten des Angriffs den Panzerabwehrgraben bei Mogila Dolgenjka.
7. Gebirgsjägerfeldersatzbataillon 54 bleibt zur Verfügung der Division in Gawrilowka und hält sich zum Vorgehen in nordostwärtiger Richtung bereit.
8. Pioniere und Flakschutz wie bisher.
9. Hauptverbandsplatz Gawrilowka, später Timoschewka. Pferdesanitätsplatz Gawrilowka, später Timoschewka.
10. Nachrichtenverbindung: Gebirgsnachrichtenabteilung 54 hält Fernsprechverbindung zu Gefechtsgruppe Kreß, Picker, Gebirgsjägerersatzbataillon 54 und Artilleriegruppe Winkler, Funkverbindung zu Gefechtsgruppen Kreß, Picker und Lang und Artilleriegruppe Winkler.
11. Divisionsgefechtsstand: Führungsabteilung Gawrilowka, Quartierabteilung.

20. September, 17.00 Uhr, Mentschekur.
Lanz.“

Nach der üblichen Feuervorbereitung griff die Gefechtsgruppe Picker am 20. September 1941 schwungvoll an und drang nach harten Nahkämpfen in das Grabensystem ein. Aber an eine Erholungspause war weiterhin nicht zu denken, sodass der Regimentskommandeur mit seinen Gebirgsjägerbataillonen nach anstrengenden Märschen schließlich Stalino sowie den Mius und die Samara erreichte. Hier richtete man sich mit der italienischen Division „Celere" auf den ersten und, wie sich schon wenig später herausstellte, überaus strengen russischen Winter 1941/1942 ein.

Zum Jahresende wurden die zurückliegenden Kampfhandlungen und Einsätze der Offiziere, Unteroffiziere und Mannschaften des Ostfeldzuges in ihre Soldbücher eingetragen:

22. 06. 1941 – 30. 06. 1941:	Grenzschlachten bis Lemberg;
01. 07. 1941 – 11. 07. 1941:	Verfolgungskämpfe ab Lemberg;
12. 07. 1941 – 15. 07. 1941:	Angriff und Durchbruch durch die Stalinlinie;
16. 07. 1941 – 20. 07. 1941:	Angriffs- und Abwehrkämpfe sowie Vorstoß auf Winniza;
20. 07. 1941 – 25. 07. 1941:	Verfolgungskämpfe von Winniza auf Gaissin;
26. 07. 1941 – 12. 08. 1941:	Umfassungsschlacht bei Uman, Einkreisung und Vernichtung des Feindes bei Podwyssokoje und Kopjenkowata;
13. 08. 1941 – 02. 09. 1941:	Vormarsch zum Dnjepr;
03. 09. 1941 – 13. 09. 1941:	Vormarsch über den Dnjepr;
14. 09. 1941 – 24. 09. 1941:	Säuberung des Dnjeprbogens bis Nowo Dnjeprowka, Verfolgungskämpfe ostwärts des Dnjepr, Schlacht am Panzerabwehrgraben von Timoschewka;
25. 09. 1941 – 03. 10. 1941:	Abwehrschlacht bei Malaja Belosjorka;
04. 10. 1941 – 11. 10. 1941:	Vernichtungsschlacht bei Mogila Tokmak;
12. 10. 1941 – 22. 10. 1941:	Verfolgungskämpfe in der Ostukraine, Eroberung von Stalino;
23. 10. 1941 – 04. 11. 1941:	Verfolgung über den Mius;
05. 11. 1941 – 31. 12. 1941:	Abwehrkämpfe in den Brückenkopfstellungen am Mius.

Wilhelm Spindler
als junger Offizier.

Schilderwald auf der Vormarschstraße der Gebirgsjäger.

Soldaten bei einer Marschpause nach den ersten Grenzschlachten.

In diesem Gefängnis wurden, infolge des deutschen Angriffs auf die Sowjetunion am 22. Juni 1941, die Massenmorde von Lemberg im Juni 1941 verübt.

Ein grausamer Anblick: Die Leichenberge ermordeter politischer Häftlinge im Hof des Lemberger GPU-Gefängnisses.

Ein Trupp auf dem Weg zur Umfassungsschlacht bei Uman – Podwyssokoje.

Vier Soldaten während der Umfassungsschlacht im August 1941.

Am Scherenfernrohr wird der weitere Rückzug der Roten Armee beobachtet.

Soldaten marschieren in Richtung Stalino.

Der Kommandierende General Kübler beglückwünscht den Kommandeur der 1. Gebirgsdivision Lanz zur Eroberung der „Stalinlinie".

Die Sprengung der Eisenbahnbrücke sollte den deutschen Vormarsch erschweren.

Eine Lagebesprechung Mitte Oktober 1941
unmittelbar vor Stalino.

Eine Tragtierkolonne marschiert
durch Stalino.

Die vier Ritterkreuzträger (von links nach rechts) Michael Pössinger, Josef Salminger, Wilhelm Spindler und Harald von Hirschfeld.

Der Ritterkreuzträger Wilhelm Spindler im Kaukasus im Spätsommer 1942.

Hochgebirgslager der Gebirgsjäger im Kaukasus zwischen dem Adasapsch- und Ssantscharo-Pass.

Eine Tragtierkolonne bei einer Rast im Gebirge.

Gebirgsjäger überschreiten den Chotju-Tau-Pass zur Sicherung der linken Flanke des XXXXIX. Gebirgsarmeekorps. Im Hintergrund der Uschba.

Ein Soldatentrupp überquert einen Fluss während der Regenzeit im Waldkaukasus.

Wege und Stege lösen sich auf und verwandeln sich in Schlamm und Morast.

Soldaten bei einer Lagebesprechung vor dem nächsten Abwehrkampf auf der Kubanhalbinsel 1942/1943.

Ein kleiner Hof in der weiten Landschaft auf der Kubanhalbinsel.

Ein Stellungssystem im Kubanbrückenkopf wird vom Kommandierenden General Konrad begutachtet.

Der Kommandierende General Konrad und zwei weitere Soldaten laufen über einen Behelfssteg im Kubanbrückenkopf.

Soldaten paddeln mit dem General Konrad über einen Wasserlauf im Kubanbrückenkopf.

Im Schilf haben sich die Soldaten Zeltplätze errichtet.

Im Südabschnitt der Ostfront 1942

Ziehen wir an dieser Stelle mit dem Ritterkreuzträger Wilhelm Spindler und seinen Gebirgjägern eine Zwischenbilanz: In einer ersten Phase des Russlandfeldzugs, die bis zum August 1941 dauerte, wurden die sowjetischen Armeen auf der gesamten Ostfront bis in die Linie Leningrad – Smolensk – Kiew – Odessa zurückgeworfen. In einer zweiten Phase des deutschen Ostfeldzuges wurde dann das ganze Donezbecken bis September 1941 erobert und in einer dritten Phase wurde der Angriff bis Ende November 1941 bis in die Vorstädte von Moskau vorgetragen. Aufgrund des überaus heftig einsetzenden russischen Winters 1941/1942 und der für diese extreme Kälte nur mangelhaft ausgerüsteten Deutschen Wehrmacht kam es – nicht zuletzt auch deshalb, weil Hitler wiederholt durch Fehlbeurteilungen in die Führung eingriff – bei der Heeresgruppe Mitte zu schweren Rückschlägen, die diesen wichtigen Frontabschnitt an den Rand des völligen Zusammenbruchs brachte.

In dieser zum Zerreiben angespannten Lage übernahm General der Infanterie, später der Gebirgstruppe Ludwig Kübler im Dezember 1941 westlich von Moskau die 4. Armee. Er wurde aber schon nach vier Wochen wegen mangelnder Führungsqualitäten abgelöst und in die Heimat zur Wiederherstellung seiner angeschlagenen Gesundheit geschickt.

In fast pausenlosen Gegenangriffen drängte die Rote Armee die deutschen Truppen bis auf die Linie Tanganrog – Orel – Rschew – Welikije Luki zurück. Unter schwersten Einbußen an Mensch und Material konnte die starke Erschütterung in der Heeresmitte im Winter 1941/1942 bis zum Frühjahr 1942 überwunden werden. Auch der tiefe sowjetische Einbruch bei der Heeresgruppe Süd südlich von Poltawa endete mit einem deutschen Erfolg, an dem die 1. Gebirgsdivision mit ihren Gebirgsjägerregimentern 98 und 99 in der Schlacht bei Isjum und um Charkow einen wesentlichen Anteil hatte.

In der Schlacht um Charkow durchbrach die 1. Gebirgsdivision die starken sowjetischen Stellungen, stieß fünfundvierzig Kilometer tief bis Barwenkowo durch, schloss im Berekatal zusammen mit anderen Verbänden unter Führung des III. Panzerkorps des Generals der Kavallerie Eberhard von Mackensen zwei sowjetische Armeen ein und zwang sie zur Übergabe. Bis es jedoch soweit war, versuchten die Sowjets, der Ausweglosigkeit ihrer Lage voll bewusst, mit aller Macht und um jeden Preis aus dem Kessel auszubrechen.

„Als in der Abenddämmerung eine große russische Maschine in den Kessel einfliegt – sicherlich mit einem entscheidenden Befehl – sind wir für die Abwehr weiterer Angriffe gerüstet", berichtet General Lanz. „Ein ungeheures Geschrei und Gejohle kündet den neuen Ausbruch an. Im flackernden Licht der Leuchtkugeln sieht man sie kommen. Ein dichter Knäuel, die vorderen Reihen eingehängt, von Panzern begleitet. Diesmal greift der Feind in mehreren Keilen auf der ganzen Front an – in letzter Verzweiflung, die meisten sinnlos betrunken. Wie Roboter, gegen unser Feuer scheinbar unempfindlich brechen sie da und dort in unsere Abwehrlinie ein. Grauenhaft sind hier ihre Spuren. Mit gespaltenem Schädel oder zur Unkenntlichkeit niedergewalzt finden wir unsere Kameraden, die sich auf dieser Straße des Todes bis zum letzten Augenblick verteidigt hatten. Weit führt der Weg des Ausbruchs allerdings nicht.

Am anderen Morgen ist die Kesselschlacht an der Bereka beendet. Über 27.000 Gefangene, fast 100 Panzer und etwa ebenso viele Geschütze fallen in unsere Hand. Doch auch unsere Verluste sind bitter. Seit dem 17. Mai, dem Angriffsbeginn auf Barwenkowo, hat die Division 431 Gefallene und über 1 300 Verwundete verloren."[52]

Im Frühsommer 1942 begann die Deutsche Wehrmacht mit ihren verbündeten italienischen, rumänischen, ungarischen und slowakischen Truppen einen verstärkten Angriff, dessen Schwerpunkt nun bei der Heeresgruppe „Süd" lag. Aus dem Donbogen sollte mit einer nördlichen Heeresgruppe in östlicher Richtung gegen das Wolgaknie bei Stalingrad und einer südlichen Heeresgruppe in südlicher Richtung gegen die Erdölgebiete von Maikop und Grosnj ein exzentrischer Angriff gegen den Kaukasus vorgetragen werden. Der Griff nach dem sowjetischen Industrie- und Erdölgebiet sollte die Entscheidung gegen die UdSSR bringen.

So trat Ende Juli 1942 die Heeresgruppe A des Generalfeldmarschalls Wilhelm List aus den Brückenköpfen am unteren Don mit der 17. Armee (V. Armeekorps, XXXXIV. Jägerkorps und XXXXIX. Gebirgsarmeekorps) rechts, der 1. Panzerarmee (III. und XXXX. Panzerarmeekorps) in der Mitte und der 4. Panzerarmee hinter dem linken Flügel nach Süden an. Für die Hochgebirgsoperation im Kaukasus standen jedoch nur zwei deutsche, nämlich die 1. und 4. Gebirgsdivision, und eine rumänische Gebirgsdivision zur Verfügung. Die Alpinidivisionen, die mit großem Abstand in zweiter Linie folgten, kamen dort nicht mehr zum Einsatz, da sie schon bald in Richtung Wolga abgedreht wurden. Dennoch erzwang das XXXXIX. Gebirgsarmeekorps unter dem General der Gebirgstruppe Rudolf Konrad, der den General Kübler abgelöst hatte, bei Rostow mit vier Divisionen den Übergang über den Don an seiner breitesten Stelle und stieß damit das Tor zum Kaukasus ganz weit auf.[53]

„Als wir nach wochenlangem Marsch durch die Steppe die Ausläufer des Kaukasus erreichten, wartete auf uns eine erfreuliche Überraschung", berichtet der Ritterkreuzträger Michael Pössinger. „Die dort beheimateten Bergvölker empfingen uns Eindringlinge mit Begeisterung als ihre Befreier. Sie waren gegen ihren Willen bereits von den Zaren unterjocht worden und dann von den Kommunisten und sahen nun in uns die Erlöser vom russischen Joch. Diese Tscherkessen und Karatschaier waren schöne, groß gewachsene Menschen, die keinerlei Angst vor uns hatten und halfen, wo sie konnten. Mit Leuchtfeuern im Tal und auf den Bergen verständigte man die

Freiheitskämpfer, die vor den Sowjets ins Gebirge geflohen waren. Sie kamen auf ihren kleinen Pferden zurück in die befreiten Dörfer und stellten sich bereitwillig unter deutsches Kommando im Kampf gegen die verhassten Bolschewiken. Viele von ihnen verloren dabei ihr Leben."[54]

Mit der Eroberung von Mikojan Schachar hatte die 1. Gebirgsdivision den Ausgangspunkt für ihren Angriff auf die Hochgebirgspässe des Kaukasus erreicht. Die weiteren Zielsetzungen hat General Lanz im geheimen Divisionsbefehl vom 12. August 1942, der den Zusatz „für den Vorstoß über den Kaukasus an das Schwarze Meer" trägt, festgelegt. Darin heißt es unter anderem:

„[...] 1. Gebirgsdivision versammelt im Raum 117–118 (Kardonikskaja – Tscherkessk) und stößt über 123–128 (Kluchor-Dongus-Orun-Pass) an das Schwarze Meer durch [...] VA Lawall, verstärkt durch das Halbbataillon von Hirschfeld und die alpine Kompanie Groth, vernichtet Feindkräfte im Raum 117–119, besetzt die Pässe 123, 125 und hält sie für die Division offen [...] Sonderauftrag für alpine Kompanie Groth siehe Anlage [...] Gebirgsjägerregiment 98 und 99 werfen je ein verstärktes Bataillon mit Regimentsstab auf Lkw-Kolonnen unter Divisionsnachschubführer, Major Hofmann, verlastet, auf 119 (Mikojan Schachar) vor [...]

a) Gebirgsjägerregiment 98: In Verbindung mit Vorauskompanie des Halbbataillons Hauptmann von Hirschfeld (6. Kompanie/Gebirgsjägerregiment 98) Vorstoß und Inbesitznahme des Passes 123 (auf Marschstraße Picker) und Aufklärung auf 22 [...]
b) Gebirgsjägerregiment 99: In Verbindung mit Vorauskompanie des Halbbataillons von Hirschfeld (13. Kompanie/Gebirgsjägerregiment 98) und alpine Kompanie Hauptmann Groth Inbesitznahme des Passes (auf Marschstraße Kress) und Aufklärung auf 64 [...]

Verbindung zwischen 22 und 64 über 71 ist zu erkunden und herzustellen [...]"

Nach der Einnahme von Mikojan Schachar blieb Oberst Picker mit seinem Gebirgsjägerregiment 98 den Sowjets ständig auf den Fersen.

„Es werden zwei Kampfgruppen gebildet, die eine unter Führung von Hauptmann Pössinger, die andere von mir selbst", berichtet der Oberleutnant Neuhauser. „Während Pössinger zunächst frontal verharrt, hole ich mit meiner Kampfgruppe weit nach rechts aus, um den auf dem Pass verschanzten Feind von hinten aus den Stellungen zu werfen. Wie oft haben wir solche Aufträge schon auf dem Kranzberg bei Mittenwald geübt. Geschätzte drei Stunden Anmarsch und Aufstieg sind es und die größten Strapazen, welche bisher der Kaukasuseinsatz von uns verlangte. Hinter einem Bergrücken zieht sich eine flache Mulde, die mir geeignet erscheint, vom Feinde unbemerkt unser Ziel zu erreichen. Am oberen Drittel schwenken wir nach links ein, müssen aber dabei ein weitsichtiges Schneefeld überqueren und werden dort schon vom

Die Erinnerungsmedaille an den Einsatz der 13. Kompanie des Gebirgjägerregiments 98 im Jahr 1942 im Kaukasus.[56]

Feind beschossen. Also zurück und weiter ausholen! Hinter einem zweiten Bergzug dasselbe noch einmal. Jetzt gehe ich meiner bereits sehr ermüdeten Kampfgruppe voraus – sie alle haben eine große ‚Wolke', den Rucksack und die Waffen auf dem Rücken –, um das Gelände zu erkunden. Hinter einem Findling kommen zwei Russen mit erhobenen Händen hervor, ein Sicherungsposten, der uns wertvolle Hinweise gibt. Ich erreiche den Grat und bekomme vollen Einblick in das Leben und Treiben des Feindes im Tal. In etwa fünfhundert Meter Luftlinie, am gegenüberliegenden Hang, ist ein Auf- und Abwärtsbewegen des Feindes. In etwa gleicher Entfernung, auf einer Talsohle, sitzen feindliche Gruppen um ein Lagerfeuer, kochen und essen. Der Pass ist stark besetzt. Die nacheinander ankommenden Jägergruppen werden sogleich entlang des Grates eingesetzt. Der Auftrag als solcher kann also ausgeführt werden; ich halte aber unsere Position für so ausschlaggebend, dass ich mich entschließe, auf die lagernden Gruppen nach sorgfältiger Entfernungsmessung einen Feuerüberfall zu machen. Die Garben der schweren Maschinengewehre, Wurfgranaten und selbst die Geschosse der Karabiner fahren überraschend in den Gegner, und die Wirkung ist furchtbar. Der Gesamteindruck ist, dass sich der Russe in dieser unvermuteten Lage äußerst unsicher fühlt, denn genau genommen, stehen wir in seinem Rücken.

Gegen 14.00 Uhr gehe ich selbst als Meldegänger zurück, um Hauptmann von Hirschfeld von meinem erreichten Ziel, meinen Beobachtungen und Vermutungen Meldung zu machen. Ich erhalte den Befehl, den Feind von hinten anzugreifen. Nur wenn es aussichtslos sei, soll ich Leuchtzeichen schießen, und Pössinger wird den Pass frontal angreifen, während wir Feuerunterstützung geben. Nach zweieinhalbstündigem Aufstieg bin ich wieder bei meiner Kampfgruppe, aber jetzt ergibt sich eine neue Situation: Der Gegner zieht sich in zwei Gruppen, die sich gegenseitig Feuerschutz geben, zurück Während die Frontalgruppe unter Hauptmann Pössinger sofort nachdrängt und die Nachsicherungen des Gegners überrennt, schießen wir auf die zurückgehenden Russen. Der Pass ist unser! Die Nacht bricht herein, todmüde sind wir alle, so müde, dass uns nicht einmal die harte, felsige Unterlage von einem tiefen Schlaf abhalten kann."[55]

Es war in den Abendstunden des 17. August 1942, als der 2.816 Meter hohe Kluchorpass gestürmt wurde. Der Scheitelpunkt der Suchumschen Heerstraße war damit in deutscher Hand. Sie war von den Zaren für ihre Eroberungskriege bis in den Transkaukasus angelegt worden und dann verfallen, sodass sie nun mehr einem verwahrlosten Karrenweg als einer Passstraße glich. Während die Umfassungsgruppe unter Oberleutnant Neuhauser zwei Ruhetage einlegte, blieb die Kampfgruppe unter Hauptmann Pössinger weiterhin hautnah am Feind.

Ab Mitte August 1942 hatten die 1. und 4. Gebirgsdivision die Hochpässe des Kaukasus zwischen dem Elbrus und dem Adsapschpass genommen. Damit begann der eigentliche Kampf um dieses gewaltige Gebirgsmassiv zwischen Europa und Asien. Das über die Hochgebirgspässe des westlichen Hochkaukasus auf Suchum angesetzte XXXXIX. Gebirgsarmeekorps nahm am 25. August mit der 4. Gebirgsdivision den Adsapsch- und Ssantscharopass (2.700 Meter) und erkämpfte schon am 28. August zwanzig Kilometer südlich des Hochkammes den Atschavischarpass (1.600 Meter), der nur einen Tagesmarsch von der Schwarzmeerküste entfernt liegt.

Die 1. Gebirgsdivision hatte bekanntlich am 17. August den wichtigen Kluchorpass erstürmt und die Sicherung der linken Korpsflanke an den Pässen des Elbrusmassivs übernommen. Doch der Ausbruch aus dem Hochgebirge bei Klitsch misslang der „Edelweißdivision" mit ihren Gebirgsjägerregimentern 98 und 99. Gleichzeitig drangen starke Feindkräfte in ihrer rechten Flanke über den Maruchskojepass (2.790 Meter) nach Norden vor. Während in breiter Front noch der Ansturm auf die Pässe in den Abschnitten der 1. und 4. Gebirgsdivision lief, hissten erfahrene Gebirgsjäger und Gebirgsartilleristen auf dem Gipfel des 5.633 Meter hohen Elbrus die Reichskriegsflagge.[57]

Vom Hoch- in den Waldkaukasus

In der Zeit vom 28. August bis zum 5. September 1942 gelang es der 1. Gebirgsdivision zwar noch, die über den Maruchskojepass vordrängende starke Feindgruppe in Stärke einer Brigade unter kühner Umgehung über unbekanntes Gebirge aus Fels und Eis in Höhen zwischen 3.000 und 4.000 Metern durch die Kampfgruppe Eisgruber zu vernichten. Doch der zum Erliegen kommende Angriff des XXXXIV. Jägerkorps mit der 97. und 101. Jägerdivision auf Tuapse im Waldkaukasus sowie die in zweiter Linie folgenden und dann in Richtung Don abgedrehten Alpinieinheiten zwangen die Heeresgrupp A, den Hochgebirgskrieg endgültig einzustellen, zumal sich die Nachschubschwierigkeiten für die Fronttruppe immer besorgniserregender gestalteten.

Die jungen Soldaten mussten schon früh erkennen, dass dem Nachschub schon in Friedenszeiten zu wenig Aufmerksamkeit geschenkt wurde. Diese Schwachstelle wirkte sich während des Hochgebirgseinsatzes im Kaukasus geradezu verheerend aus. So errechnete Oberst Hans Buchner, nach dem Krieg erster Kommandeur der neu aufgestellten 1. Gebirgsdivision der Bundeswehr, „dass je Mann an der Front täglich mit zwanzig bis dreißig Kilogramm Nachschub an Verpflegung, Munition, sonstigen Versorgungsgütern gerechnet werden müsste. Zusätzlich Futter für die Tiere noch nicht mitgerechnet. Je länger nun der Versorgungsweg würde, desto größer würde auch die Gewichtszahl, die sich jeweils unterwegs befindet – und alles im Fußmarschtempo!“[58]

Verlustreich verliefen die Kämpfe der Gebirgsjägerbataillone im Klitschtal. „Das Tal raucht, und die Erde ist Schwarz, die Gerüche von Schweiß, Verwesung, schwarzer Walderde und Fleisch mischen sich in die stumpfen Geräusche des Lagerplatzes, gemengt aus befehlenden Rufen [...] übertönt aber von den grellen Abschüssen der Gebirgsgeschütze und von den Einschlägen der russischen Granatwerfer“, schrieb der Erfolgsautor Josef Martin Bauer.[59]

Im Tal war es während der sich entwickelnden Gefechte sehr schwer, bei nebeliger Sicht den Anschluss an die eigene Truppe zu halten. So verloren sich Ende August im Klitschtal drei Kompanien des Gebirgsjägerregiments 98. Nun versuchte die Oberste Führung, den liegen gebliebenen Angriff auf Tuapse mit drei Armeekorps – unter ihnen das umgruppierte XXXXIX. Gebirgsarmeekorps – mit aller Macht wieder in Bewegung zu bringen. Es entwickelten sich dabei im Pontischen oder Waldkaukasus Angriffs- und Abwehrkämpfe, die insgesamt vom 13. September 1942 bis zum 27. Januar 1943 dauerten.

„Der Gegner griff nicht nur frontal an; er versuchte, die Flanken der großen Bastion einzudrücken und die auf dem Höhengrat befindlichen Bataillone und Gefechtsgruppen Buchners (westliche Gruppe) und Lawalls (östliche Gruppe) zu umfassen

Der Kubanschild wurde von Hitler zur Erinnerung an die Kampfhandlungen am Brückenkopf bei Kuban noch während der Kämpfe am 20. September 1943 gestiftet.

und von ihren Verbindungen im Pschischtal anzuschneiden."[60] Bei diesen Kampfhandlungen wurde der Ssemaschcho im undurchdringlichen Waldkaukasus zum Schicksalsberg der Gruppe beziehungsweise der „Division Lanz".

„Wer kennt ihn nicht, diesen Schicksalsberg der 1. Gebirgsdivision", erinnerte sich der Südtiroler Franz Niedermayer, der als Maschinengewehrzugführer der 4. Kompanie des Gebirgsjägerregiments 98 angehörte. „Als ich, nach zweijährigem Einsatz in Russland vom wohlverdienten Urlaub in unserer Schreibstube [der] 4. Kompanie/ Gebirgsjägerregiment 98 in Maikop eintraf, tobte der Kampf um diesen Höhenrücken in voller Stärke. Die letzten Nachrichten von vorne waren für mich alles andere als rosig. Viele meiner besten Kameraden waren gefallen oder verwundet, darunter Kamerad Rudi Gilch, welcher meine Rückkehr abwarten musste, um seinerseits in Urlaub fahren zu können. Er fiel in allerletzter Minute mit dem Urlaubsschein in der Tasche.

Zu meiner Überraschung wurde ich sehnlichst erwartet und bekam noch eine Galgenfrist von drei Tagen, um unser Kompanieweihnachtsfest mit Karikaturen auszustatten. Die Galgenfrist war rasch zu Ende und so brachen wir, unser damaliger Kompaniechef Hauptmann Jäger und ich, auf, um unsere Kameraden auf dem umkämpften Ssemaschcho zu erreichen. Es war die Zeit der berüchtigten Schlammperiode, sodass wir nur mühselig zu Fuß vorankamen. Links und rechts Kadaver verendeter Pferde und Muli. Dazwischen ausgehungerte Hilfswillige [Hiwis], die die bereits verwesten und aufgedunsenen Leiber aufschlitzten, um die Innereien (Herz und Leber) rauszuholen und ihren Hunger zu stillen. Was die armen Kerle damals in diesem Inferno gemeinsam mit uns leisteten, grenzt an das schier Unmögliche.

Wie viele Kameraden, Leicht- und Schwerverwundete, verdanken diesen namenlosen Hiwis ihr Leben, die bei meterhohem Schlamm, Tag und Nacht, unter feindlichem Beschuss und unter Einsatz ihres Lebens, geschwächt durch Hunger und Kälte, die Verwundeten mehrere Stunden lang vom Ssemaschcho nach unten zum Hauptverbandsplatz trugen."

Das Truppenkennzeichen der 1. Gebirgsdivision.

Vom Kubanbrückenkopf auf den Balkan

Mit dem Rückzug der deutschen Gebirgstruppe in den Kubanbrückenkopf begann für den am 18. Dezember 1942 zum Hauptmann beförderten Wilhelm Spindler ein neues Kapitel des Russlandfeldzuges, denn die Zeit des rastlosen Vormarsches gehörte endgültig der Vergangenheit an. Die Phase des Zurückweichens der Ostfront bis zur Reichsgrenze mit ihren verlustreichen Rückzugsgefechten hatte unausweichlich begonnen. Die Initiative lag jetzt, begünstigt durch die Aktivitäten der Alliierten auf den anderen Kriegsschauplätzen, endgültig in der Hand des sowjetischen Militärs.

Die Deutschen sollten von nun an das Gesetz des Handelns an der Ostfront nicht wiedererlangen. Die Gründe dafür waren in der laufenden Überforderung der deutschen Truppe und der Überschätzung ihrer Kampfkraft zu suchen. Der Nachschub konnte über die riesigen Entfernungen nicht bewältigt werden.

Ende Januar 1943 wurde der Kuban bei Ustj-Labinskaja überschritten. Unter starkem Nachdrängen der Sowjetverbände ging die Absetzbewegung in den Kubanbrückenkopf weiter. Unter dem 31. Januar 1943 finden wir im Kriegstagebuch des Oberkommandos der Wehrmacht folgende Eintragung: „Bei der 17. Armee erfolgreiche Abwehr- und Nachhutkämpfe. Das XXXXIX. Gebirgsarmeekorps begann, in die Gotenstellung (Kubanhalbinsel) einzuziehen."[61]

Die der Nibelungensage entliehenen Namen der Stellungen im Kubanbrückenkopf sollten germanisches Heldentum anklingen lassen: Gotenstellung, Guntherriegel, Siegfriedriegel, Gernotriegel, Hagenriegel und Rüdigerriegel lauteten ihre Bezeichnungen. Aber diese Namen konnten weder die Rote Armee abschrecken, noch die Kampfkraft der arg geschwächten deutschen Truppen steigern. Unaufhaltsam näherten sich die Sowjets den deutschen Verteidigungsstellungen.

„Am 1. Februar wird die Umgliederung für den Durchbruch befohlen. Alles Gerät und alle Fahrzeuge – darunter mehr als eintausend Kraftwagen –, was nicht unmittelbar zum Kampf gebraucht wird, muss vernichtet werden", schrieb General Hubert Lanz. „Schweren Herzens geben wir dieses wertvolle Gut preis. Aber es muss sein. Die Radfahrabteilung und das Feldersatzbataillon werden ebenso aufgelöst wie das Trägerbataillon, die Veterinär- und Nachschubkompanie, ja schließlich sogar das Hochgebirgsbataillon Bauer, um mit den dadurch frei werdenden Kräften die anderen Verbände wieder auf die nötige Kampfstärke zu bringen."[62]

Generalmajor Walter Stettner Ritter von Grabenhofen hatte den langjährigen Kommandeur der 1. Gebirgsdivision beerbt, nachdem dieser als General der Gebirgstruppe zum Befehlshaber der nach ihm benannten Armeeabteilung „Lanz" aufgestiegen war. [63]

Während die Angehörigen der Stammdivision der deutschen Gebirgstruppe sich auf weitere Abwehrkämpfe im Kubanbrückenkopf einstellten, wurde über den zukünftigen Einsatz der „Edelweißdivision“ an höchster Stelle ganz anders entschieden. Im Kriegstagebuch des Oberkommandos der Wehrmacht finden wir darüber am 15. März 1943 folgende Eintragung: [64]

„Der Oberbefehlshaber Südost hat am 14. März seine Absichten für den Aufmarsch zum Unternehmen ‚Schwarz‘ gemeldet, dass nicht vor Anfang Mai beginnen kann und durchgeführt werden soll mit: SS-Division ‚Prinz Eugen‘, 718. Jägerdivision, eine verstärkte Regimentsgruppe der 369. [kroatische] Division, der 2. und 3. [kroatische] Gebirgsbrigade, der 1. Gebirgsdivision, Teilen der 704. Jägerdivision und Teilen des bulgarischen Okkupationskorps. Die durch die 2. [kroatische] Gebirgsbrigade abzulösende 717. Division wird Ende März/Anfang April nach Attika verlegt. Die 1. Gebirgsdivision muss aus Eisenbahntransportgründen über Rumänien – Bulgarien herangeführt werden.

Der Oberbefehlshaber Südost hat um Unterstützung bei der im Hinblick auf den geplanten Einsatz vordringlichen Umbildung der 717. Division in eine Jägerdivision gebeten. Der Wehrmachtführungsstab nimmt dazu folgendermaßen Stellung:

‚1. Die 1. Gebirgsdivision wird aus der Gotenstellung als erste der dortigen Divisionen herausgelöst, was erst nach Abschluss der Schlammperiode möglich ist. Da mittlerweile Trockenheit eingetreten ist, muss beim Generalstab des Heeres die zeitgerechte Zuführung gefordert werden, da nach Angabe des Feldtransportchefs der Abtransport von der Krim spätestens am 26. März beginnen muss, um die Division rechtzeitig heranzuführen.‘“

Da stand es also schwarz auf weiß: Die 1. Gebirgsdivision war für das Unternehmen „Schwarz“ auf dem Balkan vorgesehen. Was war der Anlass zu dieser operativen Entscheidung?

1943/1944 hatten die Gebirgsverbände in Griechenland, Albanien und Jugoslawien im engen Schulterschluss mit den Gebirgstruppen der Waffen-SS gegen die zahlreichen Partisanenverbände harte und psychisch aufreibende Unternehmungen und Kämpfe zu bestreiten.

Der Vorteil dieser engen Verzahnung lag fast ausschließlich bei der Stammdivision der deutschen Gebirgstruppe. Zum einen konnte sie sich hundertprozentig auf die Kampfkraft der Waffen-SS verlassen. Denn der Gebirgskampf beinhaltet im gewissen Sinne auch eine Art Guerillataktik, die die Volksdeutschen und Bewohner der Gebirgsregionen des Balkans besser beherrschten als die Deutschen.

Zum anderen konnte man nach Kriegsende in den Reihen der Gebirgstruppe der Wehrmacht zu einer gründlichen Mohrenwäsche übergehen und fast ausnahmslos alle Kriegsverbrechen, die auf dem Balkan begangen wurden, rundweg den Gebirgssoldaten der Waffen-SS in die Schuhe schieben. Denn nur den wenigsten Angehörigen der in Jugoslawien eingesetzten Gebirgstruppen der Waffen-SS gelang die Flucht in den Westen. Daher wurden die meisten von ihnen durch die Partisanenjustiz als Verräter liquidiert – und Tote können bekanntlich nicht reden […][65]

Es war an der Protoka bei Sslawijansk, als die 1. Gebirgsdivision am 21. März 1943 den überraschenden Befehl für die anderweitige Verwendung erhielt. Als sie tags darauf aus dem übergeordneten XXXXIX. Gebirgsarmeekorps ausschied, wusste noch niemand, dass er den russischen Kriegsschauplatz für immer verlassen sollte und dass den Gebirgsjägern fortan noch schwere Monate im aufreibenden Partisanenkampf auf dem brodelnden Balkan bevorstanden.

Mit von der Partie war hierbei auch der Ritterkreuzträger Hauptmann Wilhelm Spindler, der krankheitsbedingt zwischen dem 20. Oktober 1942 und dem 21. März 1943 dem Ersatztruppenteil wirtschaftlich zugeteilt worden war. Dort wurde er am 20. Dezember 1942 in die Führerreserve des Oberkommandos des Heeres abkommandiert. Am 14. Januar 1943 wurde er in das Reservelazarett II in Stuttgart eingewiesen.

Vom 22. März bis zum 30. Juni 1943 wurde Hauptmann Spindler als Inspektionschef des 2. Lehrgangs an die Gebirgsjägerschule Mittenwald abkommandiert, bevor er am 1. Juli 1943 zum Kommandeur des Gebirgsjägerbataillons 54 in der 1. Gebirgsdivision ernannt wurde.

Von Bulgarien aus zog die 1. Gebirgsdivision zum Bandeneinsatz in die Schwarzen Berge Montenegros – 15. April bis 16. Juni 1943 – und von dort in das albanisch-griechische Grenzgebiet des Epirus – 2. Juli bis 10. November 1943 –, wo sie unter dem neu gebildeten XXII. Gebirgsarmeekorps des Generals der Gebirgstruppe Hubert Lanz im unwegsamen Karstgebirge der dalmatinischen Küste schwierige Säuberungsaktionen gegen die ortskundigen Partisanen durchzuführen hatte.

Groß waren die Marschleistungen und auch die Höhenunterschiede, die von den Gebirgsjägern zwischen dem 8. Mai und dem 16. Juni 1943 zurückgelegt wurden. Das verstärkte Gebirgsjägerregiment 98 legte dabei 365 Kilometer mit Höhenunterschieden von 11.500 Metern und das verstärkte Gebirgsjägerregiment 99 legte 290 Kilometer mit Höhenunterschieden von 12.500 Metern zurück. Kaum hatten die Gebirgsjäger das karstige Gebirge mit den schwindelerregenden Felsennestern der Partisanen gesäubert, da erhielt die 1. Gebirgsdivision am 16. Juni 1943 den Befehl zum Abmarsch nach Griechenland.

Nachdem die Gebirgstruppe in Skoplje Tropenbekleidung empfangen hatte, deren kurze Hosen und Hemdblusen bei den herrschenden hohen Temperaturen als Wohltat empfunden wurden, verlegte die 1. Gebirgsdivision nach Griechenland in den Raum von Epirus, unweit der albanischen Grenze. Zuerst lautete der Einsatzbefehl für die Gebirgsjäger: Niederkämpfen der albanisch-griechischen Partisanen in dem politisch labilen Grenzgebiet. „Mit der Teilnahme der 1. Gebirgsdivision am Unternehmen ‚Delta' [Säuberung in Westgriechenland] ist das Oberkommando der Wehrmacht einverstanden, soweit es in deren Versammlungsraum durchgeführt wird."[66]

Der Sündenfall von Kefalonia

Aber schon bald erweiterte sich der Auftrag der 1. Gebirgsdivision und damit auch für das Gebirgsjägerbataillon 54 mit seinem Kommandeur Spindler. Denn nach dem Badoglioputsch und dem Sturz des italienischen Diktators Mussolini sowie dem Regierungswechsel im Sommer 1943 wurde der deutschen Führung klar, dass in Italien ein Frontwechsel bevorstand. Vorsorglich erließ daher das Oberkommando der Wehrmacht Richtlinien und Befehle, die sich mit der Entwaffnung des italienischen Heeres durch die deutschen Truppen – Fall „Achse“ – und mit der Rückeroberung der von den Italienern besetzten Inseln im Ionischen Meer befassten.[67]

Hierbei handelte es sich vor allem um die strategisch äußerst bedeutsamen Inseln Kefalonia und Korfu, welche die Flanke der bisherigen deutsch–italienischen Balkanfront schützten und den Zugang zur Adria sperrten. Die Operationen des XXII. Gebirgsarmeekorps gegen diese Inseln im Rahmen des Falles „Achse“ im September 1943 haben den guten Ruf und auch das Ansehen der deutschen Gebirgstruppe nachhaltig ruiniert. Denn mit dem sogenannten „Massaker von Kefalonia“ ereignete sich eines der schwersten Kriegsverbrechen der Deutschen Wehrmacht im Zweiten Weltkrieg. Hierbei kam es nicht auf höheren Befehl hin, sondern von der Wehrmacht selbst initiiert, zur Erschießung von mehr als fünftausend italienischen Soldaten der Division „Acqui“, an denen insbesondere die 1. Gebirgsdivision unter dem Generalleutnant Walter Stettner Ritter von Grabenhofen mit seinen Kommandeuren maßgeblich beteiligt war.[68]

Im Kriegstagebuch des XXII. Gebirgsarmeekorps kommt klar zum Ausdruck, dass für den Fall „Achse“ die italienischen Dienststellen, Unterkünfte und dergleichen zu übernehmen und die Ionischen Inseln Kefalonia und Korfu zu besetzen sind. Bei der letzten Besprechung am Vorabend der Kämpfe auf Kefalonia betonte der Major Harald von Hirschfeld nachdrücklich: Es werden – Weisung von ‚oben‘ – keine Gefangenen gemacht!“– erinnerte sich der Truppenarzt Dr. Alfred Helmholz.[69]

Am 17. September 1943 stach die Kampfgruppe von Hirschfeld – bestehend aus Teilen des Gebirgsjägerregiments 98 und der 104. Jägerdivision sowie aus Gebirgsartillerie und Pioniertruppen – von Prewesa aus in See und landete im Abwehrfeuer der italienischen Küstenbatterien an der Westküste der Insel Kefalonia. General der Gebirgstruppe Hubert Lanz war am 17. September selbst auf die Todesinsel gekommen und erteilte dort „aufgrund des Gefechtseindrucks an Ort und Stelle und bei dem beiderseitigen Kräfteverhältnis für die weitere Kampfführung“ den entscheidenden Befehl:[70]

„1. Befehls- und Truppengliederung:
Oberstleutnant Barge habe ich aufgrund seiner bisherigen Kampfführung seiner

Stellung als Inselkommandant enthoben und zum Kommandanten der Halbinsel Lixouri ernannt.
Auftrag:
Schutz der Halbinsel Lixouri gegen etwaige feindliche Landung sowie gegen die dortigen Banden, von denen erst gestern sechzehn Mann mit Blinkgerät ausgehoben wurden. Im besonderen Schutz der eigenen Ausladungen in der Bucht nördlich Kap Akrotiri.
Truppen:
Reste Festungsbataillon 909, bestehend aus vier Zügen unter Führung des Hauptmanns von Stephasius [...] 1 Zug Sturmgeschütz.Kompanie (um das Auslaufen feindlicher Schiffe aus Gegend Lixouri zu verhindern), 1 beweglich gemachte italienische 7,5-cm-Batterie.
Falls eine Verstärkung obiger Truppen durch die Lage notwendig wird, ist sie durch Teile des Festungsbataillons 910 beabsichtigt.

2. Mit der Durchführung der Gesamtoperation habe ich den Major von Hirschfeld, Eichenlaubträger und besonders bewährter Kommandeur im Gebirgsjägerregiment 98, beauftragt und ihm hierzu folgende Truppen unterstellt:
Regimentsstab Hirschfeld
III. Bataillon/Gebirgsjägerregiment 98
Gebirgsjägerbataillon 54 (nach Eintreffen)
I. Bataillon/Jägerregiment 724 (bestehend aus 2 verstärkte Kompanien nach Eintreffen)
Festungsbataillon 910
2 Gebirgshaubitzenbatterien mit Abteilungsstab (davon 1 eingetroffen)
Auftrag:
Bis 19. früh Halten der Linie Pharsa Nord – Petrikata Ost –Angenas Ost – um die eigene Versammlung zu sichern. 19. Vormittag Angriff mit versammelten Kräften entweder gegen die feindliche Südgruppe nördlich Argostolion oder gegen die feindliche Nordgruppe im Raum Marketaja je nach Lage. Währenddessen Abwehr der nicht angegriffenen Feindgruppe. Alsdann Vernichtung der 2. Feindgruppe. Voraussichtlicher Zeitbedarf für 1. Feindgruppe 19.–20., für 2. Feindgruppe unter gleichzeitiger Umgruppierung der eigenen Kräfte 21.–23.
3. Das Heranführen der noch nicht auf der Insel befindlichen eigenen Kräfte hängt ausschließlich von dem verfügbaren Schiffsraum und dem Zeitbedarf für die Ausschiffung ab. Die Einschiffung wird so beschleunigt, dass das I. Bataillon/Jägerregiment 724 (Stab und 2 verstärkte Kompanien) voraussichtlich bis 18. Vormittag, das Gebirgsjägerbataillon 54 mit Regimentsstab, Abteilungsstab und 1 weiteren Gebirgshaubitzenbatterie in einer 1. Staffel bis 19. vormittags, mit 2. Staffel bis 19. abends auf der Insel eintreffen [...]
4. Die Zusammenarbeit mit der Luftwaffe erfolgt in der bisherigen bewährten Weise.

Der seitherige Einsatz hat den feindlichen Artillerie- und Flakbeschuss stark geschwächt, doch ist es General Gandin durch Umgruppierung gelungen, das Feuer mit mindestens der Hälfte der Batterien wieder aufzunehmen.
5. […]
6. Für 19. und 20. werde ich meinen vorgeschobenen Gefechtsstand auf die Insel Kefalonia verlegen […]"

Am 19. September entbrannten um die Insel erbitterte Kämpfe. Bereits nach zwei Tagen fiel die Inselhauptstadt Argostolion. Die auf Kefalonia stationierten italienischen Truppen waren von den „Blumenteufeln" überwältigt worden noch bevor der Gegenangriff der italienischen Division „Acqui" zum Tragen gekommen war. Daher lautete die deutsche Abschlussmeldung auch kurz und bündig:

„Division ‚Acqui' wurde in sechsunddreißigstündigem, in einem Zuge mit nur kurzen Unterbrechungen geführten Angriff von zwei Gebirgsjägerbataillonen, einem Jägerhalbbataillon und einem nur vierhundert Mann starken Festungsbataillon, verstärkt durch zweieinhalb Batterien, vernichtet."[71]

Am Abend des 22. September 1943 meldete ein Funkspruch des Kommandierenden Generals des XXII. Gebirgsarmeekorps an die Heeresgruppe E das Ende der Kämpfe auf Kefalonia, die auf deutscher Seite vierzig Tote gekostet hatten: „Masse der Division ‚Acqui' [ohne Regiment 18 Korfu] vernichtet. General Gandin mit seinem Stab gefangen genommen."[72]

Was diese Meldungen verschweigen, ist, dass sich hinter der sogenannten Schlacht von Kefalonia eines der blutigsten Kapitel der 1. Gebirgsdivision verbirgt, denn nachdem am 18. September 1943 vom Oberkommando der Wehrmacht der Befehl herausgegeben worden war, auf der Insel keine Gefangenen zu machen, erschossen die deutschen Gebirgsjäger rund 5.000 italienische Soldaten, nachdem sich diese ergeben und ihre Waffen abgelegt hatten. Zudem wurden nach der Kapitulation am 24. September 1943 189 weitere italienische Offiziere aufs Brutalste hingerichtet, darunter auch der als gefangen gemeldete General Gandin.

Nur 5.000 der sich ergebenden Soldaten gerieten in die deutsche Kriegsgefangenschaft. Ähnliches ereignete sich auch auf der Nachbarinsel Korfu, auf der alle zweihundertachtzig überlebenden italienischen Offiziere nach der Kapitulation erschossen und ihre Leichen auf schändliche Weise im Meer versenkt wurden. Damit hatten die Deutsche Wehrmacht und besonders die 1. Gebirgsdivision in schlimmster Weise gegen die Zweite Genfer Konvention von 1929 und die Haager Landkriegsordnung verstoßen.

Durch einen glücklichen Umstand wurde ein vom Major Harald von Hirschfeld nach Abschluss der Kampfhandlungen auf Kefalonia verfasster und eigenhändig unterzeichneter Gefechtsbericht für die Zeit vom 15. bis 22. September 1943 wiederentdeckt. Als ein bedeutendes zeitgeschichtliches Dokument wurde er daher als

Faksimile in der zeitgeschichtlichen Biografie über den späteren Generalleutnant von Hirschfeld abgedruckt.[73]

Nachdem die restlichen Einheiten des von Hauptmann Wilhelm Spindler geführten Gebirgsjägerbataillons 54 auf der Todesinsel eingetroffen und umgehend der Kampfgruppe Klebe unterstellt worden waren, heißt es über die Durchführung des Kampfauftrages in dem oben genannten Dokument am 21. und 22. September 1943:

Abschlussmeldung :

Division " Aqui" wurde in 36 stündigem, in einem Zuge mit nur kurzen Unterbrechungen geführten Angriff von 2 Geb.-Jäg.Btl., 1 Jäg.Halbbtl. und 1 nur 400 Mann starken Festgs.-Btl., verstärkt durch 2 1/2 Batterien, vernichtet.

Anlage:
Beutemeldung.

Auszug aus dem von Major Harald von Hirschfeld verfassten Gefechtsbericht der Kampfhandlungen vom 15. bis 22. September 1943 auf Kefalonia.

21.9.43 **Durchführung :**

Die Kampfgruppe Klebe (III./98, G.J.R.54) überwindet
das schwierige Berggelände in anstrengendem Nachtmarsch,und
zerbricht in kurzem, aber harten Nachtgefecht feindliche
Sperrstellungen am Pass 5 km nördlich Dilinata, um mit den
vordersten Teilen in Dilinata einzudringen. II./724 wirft
um Mitternacht den Feind von Punkt 852 nach Süden und
steigt, im Morgengrauen von Norden angreifend, gegen Punkt
75o an. Gegen die im Morgengrauen erkannte, stark massierte
Feindbesetzung auf Punkt 75o wird G.J.54, dass sich auf den
Serpentinen der Pass-Strasse befindet, nach Westen einge-
dreht, während Teile des Fest.Btls.91o im Angriff auf Pharsa
den Rückweg nach Südosten verlegen. Das III./317 ist auf
Punkt 75o völlig eingeschlossen und läuft nach kurzem Gefecht in aufgelöstem Zustand über. Um 1o,oo Uhr stürmt
II./724 gegen hartnäckige Feindabwehr bei starker feindlicher Artl.Tätigkeit Lamia, und Btl. 91o Davgata. Teile des
II./317 werden vernichtet, die Reste auf das Feind-Rgt.17
zurückgeworfen. Um 12.00 Uhr setzt II./724 trotz Munitionsmangel den Angriff auf Pharaklata fort und erweckt dadurch
beim Feind den Eindruck, dass die über die Pass-Strasse vor-
gestossene Umfassungsgruppe aus dem Raum Dilinata hier an-
greift. Damit kann die Kampfgruppe Klebe unbemerkt hinter
der Höhe 832 verschwinden und um 14.oo Uhr völlig überraschend in ~~Pharaklata~~ eindringen. Gegen 18.oo Uhr wird
Pharaklata und eine Höhenstellung südlich Davgata von den
Btl. II./724 und 91o in hartem Kampf gestürmt. Um 22.oo Uhr
überfällt Kampfgruppe Klebe nach zwanzigstündigen Marsch und
3 Stunden Rast ein in Ruhe befindliches Btl. bei H. Georgius,
vernichtet es und befreit 47o deutsche Kriegsgefangene.
Damit ist die Entscheidung gefallen. Mit Morgengrauen des
22.9.43 22.9. greift III./98 über Metaxata ausholend Argostolion an,
während G.J.R.54 über Kakkolata vorgeht, und II./724 das
stark befestigte Razata nimmt. Btl. 91o kann um 1o.oo Uhr
Konstantin wegnehmen. Um 11.oo Uhr dringt das III./98 in
Argostolion ein. Der Bergrücken, der sich von Kutavos zum
Südostende des Hafens von Argostolion hinzieht, wird von
Süden durch G/J.R.54, von Nordosten von II./724 und von
Norden von Btl. 91o gegen den letzten harten, vom feindlichen
Divisionskommandeur persönlich geleiteten Widerstand, ge-
stürmt. Um 12.oo Uhr ist der Feind in voller Auflösung, die
Masse der feindlichen Batterie-Stellungen genommen, die
Säuberung von versprengten, noch Widerstand leistenden
Feindteilen im Gange. Um 14.oo Uhr ist die Gefechtstätigkeit
beendet. Um 21.oo Uhr meldet sich im Strom der überlaufenden,
völlig durcheinandergeworfenen Feindteile der feindliche
Divisionskommandeur zur bedingungslosen Uebergabe.

Um 18.oo Uhr wurde die seit 1o Tagen auf Cap Munta
kämpfende deutsche Gruppe Rademacher durch die behelfsmässig
motorisierte 13./98 entsetzt.

Auszug aus dem von Major Harald von Hirschfeld verfassten Gefechtsbericht der Kampfhandlungen vom 15. bis 22. September 1943 auf Kefalonia.

Was sich während dieser Kampfhandlungen im Detail zugetragen hat, darüber schweigt sich der von Major von Hirschfeld verfasste Gefechtsbericht bewusst aus, denn nicht wenige amtliche Kriegstagebücher wurden auf Druck von Einheitsführern und Kommandeuren ganz gezielt „bereinigt" und „entschlackt" um ihre „Heldentaten" in einem noch besseren Licht darzustellen, um dadurch einen Orden oder gar das Ritterkreuz des Eisernen Kreuzes verliehen zu bekommen.

„Mich hat am Anfang des Krieges geärgert, dass die höheren Offiziere vor allem darauf aus waren, einen Orden zu bekommen", kritisierte der Hauptmann Heinz Langhoff die Ordensverleihungen. „Sie gierten nach einem Ritterkreuz und nutzten daher jede Chance ein bisschen Krieg zu spielen und auf sich aufmerksam zu machen. Das war für mich das erste abstoßende Erlebnis, dass ein Mensch für einen Orden andere in den Tod schickte."[74]

Das war die eine Seite der manipulierten Kriegstagebücher. Die andere bestand vielfach darin, um Kriegsverbrechen zu vertuschen, um so eine schlichte Geschichtsklitterung zu betreiben. Denn um abweichende Daten und Fakten in Umlauf zu setzen ist niemand besser geeignet als die anonymen „Dunkelmänner" einer Armee oder Ministerialbürokratie. So erfahren wir von dem Kriegstagebuchschreiber Alfred Richter, der das Drama auf Kefalonia im wahrsten Sinne des Wortes hautnah miterlebte:

„Ich habe zum zweiten Mal Krach mit dem Kommandeur. Ich habe den Bericht an die Kampfgruppe von Einsatz des Bataillons auf Kefalonia nach bestem Wissen und Gewissen zusammengestellt und, wie üblich, im Anhang die eigenen und Feindverluste und die Beute nach eingegangenen Meldungen und eigenen Feststellungen angeführt. Spindler liest ihn und brüllt: ‚Sie sind ja verrückt und maßen sich ein Urteil an, das dilettantisch ist.' Weil der Termin für den Bericht drängt, kann er mir nicht mehr befehlen einen neuen abzufassen. Ohne lang zu überlegen nimmt er die Feder zur Hand und fügt allen Zahlen über Feindverluste und erbeutete Waffen und Munition einfach eine Null an und unterschreibt."[75]

An anderer Stelle heißt es dann: „Der größenwahnsinnige, ruhmsüchtige HJ-Führer Spindler brauchte Sensationsmeldungen – und einen Geschichtsschreiber, der seine Heldentaten vermerkte."[76] Um welche „Heldentaten" es sich dabei handelte, darüber informiert uns auch das schonungslose Kriegstagebuch des späteren Salzburger Professors und Malers Alfred Richter:[77]

„Um 00.20 Uhr tritt das ganze Bataillon an. Je höher wir kommen, desto schlechter wird der Weg, stellenweise ist er kaum noch als Steg anzusprechen. Vor uns geht das III. Bataillon/Gebirgsjägerregiment 98. Beide Bataillone bilden, eine Kampfgruppe und sollen die Stadt Diglinata [Dilinata] umfassend angreifen, während eine zweite Kampfgruppe, der das Infanteriebataillon Hartmann zugehört, von Kardakata aus durch einen Frontalangriff die Italiener ablenken soll. Beide Kampfgruppen unterstehen dem Befehl des Eichenlaubträgers Major Hirschfeld. Im Morgengrauen erreichen wir ohne Feindberührung die Straße von Phalari nach Diglinata. Sie führt, zweihundert Höhenmeter ansteigend, auf eine Passhöhe, auf der die 98er die erste Feindberührung haben: Es fallen nur wenige Schüsse; dann schwenken die Italiener weiße Tücher und laufen in Scharen von den Höhen herab. Als wir unmittelbar nach dem kurzen Gefecht die Passhöhe überschreiten, stoßen wir auf gefallene Italiener; sie liegen zuhauf und alle weisen Kopfschüsse auf, sind also von den 98ern erschossen worden, nachdem sie sich ergeben hatten. Einige Jäger ziehen ihnen die brauchbaren Schuhe aus. Auch ein Leutnant und drei oder vier Mann vom III. Bataillon/Gebirgsjägerregiment 98 liegen verwundet auf der Scheitelstrecke. Wir ziehen im Eilschritt weiter in Serpentinen abwärts, gefangene Italiener mit Rucksäcken und Munition beladen, hinter uns einher. Über einen Höhenrücken gehen wir gegen Frangata [Phrankata] vor. Wir machen in einem Garten halt, bei einer italienischen Batteriestellung, die die vor uns angreifenden 98er brutal vernichtet haben. Erschossen, erschlagen und von den Bergschuhen zertreten, liegen die Männer der Geschützbedienung in ihrer Stellung. Es muss vor wenigen Minuten geschehen sein. Unter den blutüberströmten Leibern zuckt und atmet noch einer, bei einem anderen liegen die Augen neben dem flachgetretenen Schädel. Um 17.00 Uhr stehen wir vor Frangata. Ohne einen Schuss abgegeben zu haben, ergeben sich zwei Alpinikompanien. Auch der Stab macht viele Gefangene, es werden an die vierhundert sein. Sie alle sind eigentlich ruhig und gelöst, sie wollten ja nicht gegen uns kämpfen und glauben nun durch die freiwillig eingegangene Gefangenschaft ihr Leben gerettet zu haben. Unser Durst ist groß; wir nehmen einigen Gefangenen die mit Wein gefüllten Feldflaschen ab und trinken übers Maß, merkwürdigerweise ohne lähmende Wirkung auf unsere Marschleistung. Immerhin sind wir schon siebzehn Stunden ohne wesentliche Unterbrechung und Stärkung im Einsatz. Wir rücken nach Frangata ein und geben unsere Gefangenen ab. Hier ereilt sie, wie alle übrigen, ein furchtbares Strafgericht: Zugweise werden sie in nahe Steinbrüche und ummauerte Gärten unmittelbar vor dem Städtchen getrieben und von den Maschinengewehren der 98er niedergemäht. Zwei Stunden sind wir im Ort, während dieser Zeit hämmern unaufhörlich Maschinengewehre und Maschinenpistolen und dringen die Schreie bis in die Häuser der Griechen.

Ohne Ansehen der militärischen Stellung der Mannschaften werden auch Sanitäter und Priester von der Erschießung nicht ausgenommen. Wer diese barbarische Vernichtung der italienischen Streitkräfte auf der Insel befohlen hat, ist uns nicht bekannt, sie empört jedenfalls uns alle, auch die Erschießungskommandos. Eine solche Gruppe, von an sich gewiss nicht zart besaiteten Bayern, versucht sich gegen diesen unmenschlichen Auftrag aufzulehnen, wird aber sofort von einem Offizier mit der Drohung, selbst an die Wand gestellt zu werden, zum Schweigen gebracht. Alles geschieht derart hastig, dass sich niemand vergewissern kann, ob alle Erschossenen

Wilhelm Spindler, ausgezeichnet mit dem Ritterkreuz des Eisernen Kreuzes.

Generaloberst Alexander Löhr als Oberbefehlshaber der Heeresgruppe E am 21. Juni 1944 während der Kämpfe bei Argyrokastron, einer alten Türkenfestung in Südalbanien. Rechts neben ihm steht General Walter Stettner Ritter von Grabenhofen, Kommandeur der 1. Gebirgsdivision.

General Walter Stettner Ritter von Grabenhofen beim Truppenbesuch auf dem Balkan im Sommer 1943.

Stettner scheint mit dem Zustand seiner 1. Gebirgsdivision sichtlich zufrieden zu sein.

Berittener Trupp der Nationalen Befreiungsarmee auf dem Weg zu einer neuen Widerstandsaktion in Griechenland.

Mitglieder der Griechischen Demokratischen Volksarmee in einem griechischen Bergdorf im Epirus.

Im September 1943 streckten die Italiener auf dem Balkan ihre Waffen, so wie diese Soldaten der in Griechenland stationierten 11. Italienischen Armee.

Albanische Partisanen mit übergelaufenen italienischen Elitesoldaten der Bersaglieri im Herbst 1943.

Von links: General von Stettner als Kommandeur der 1. Gebirgsdivision, Generaloberst Löhr als Oberbefehlshaber der Heeresgruppe E sowie General der Gebirgstruppe Lanz als Kommandierender General des XXII. Gebirgsarmeekorps.

Der Kommandierende General des XXII. Gebirgsarmeekorps Lanz mit dem Kommandeur der 1. Gebirgsdivision von Stettner.

Sammelstelle für die gefangen genommenen und entwaffneten Italiener.

Waffen und Ausrüstungsgegenstände der von den Deutschen entwaffneten italienischen Soldaten im September 1943.

Soldaten verladen die Tragtiere
für die Überfahrt auf die Ionischen Inseln.

Eine Truppe Soldaten bei der Überfahrt
nach Kefalonia.

Hauptmann Wilhelm Spindler und Kameraden auf dem Vormarsch nach Argostoli.

Die ersten italienischen Gefangenen werden eingebracht.

Von der Kampfgruppe „Klebe" am 21. September 1943 erschossene italienische Soldaten auf der griechischen Insel Kefalonia.

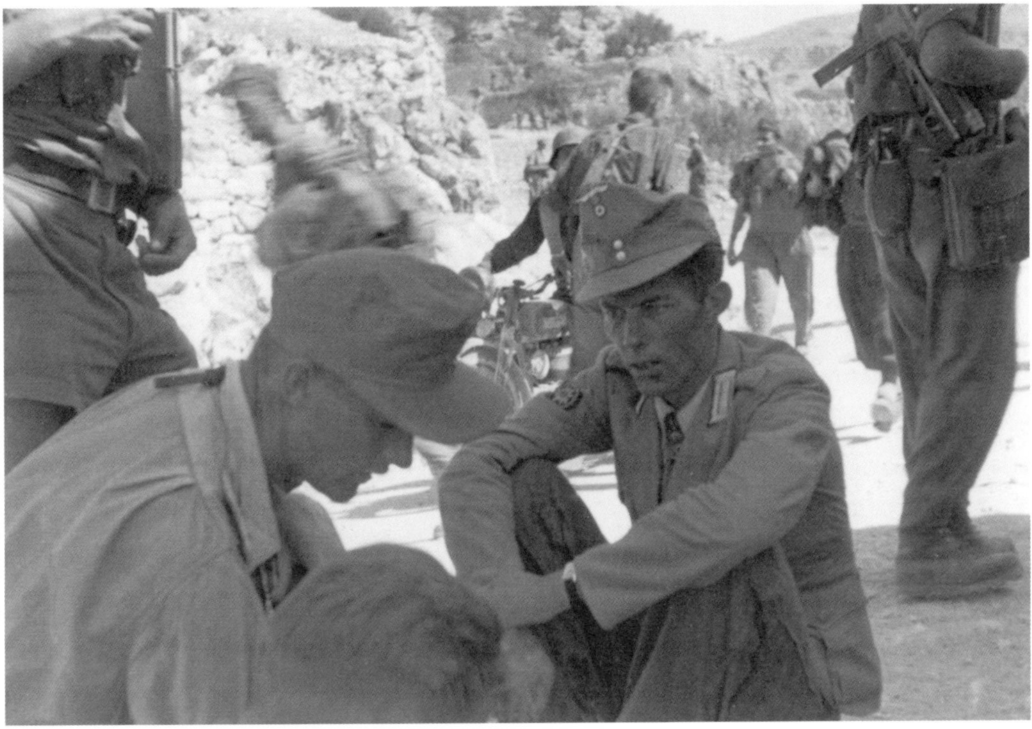

Der Kampfgruppenführer Harald von Hirschfeld mit Spindler bei einer Einsatzbesprechung auf Kefalonia im September 1943.

Nach der nicht tödlichen Gewehrsalve der Gnadenschuss aus der Pistole eines subalternen Gebirgsjägers.

Entwaffnete und am 21. September 1943 erschossene italienische Soldaten an der Passstraße südlich von Phalari.

auch wirklich tot sind. Es habe sich, so höre ich, da und dort ein Italiener in den rückwärtigen Reihen eines zur Füsilierung aufgestellten Zuges ungetroffen fallen lassen und sei später aus dem Leichenhaufen gekrochen und zu den Griechen geflohen. Eine tragikomische Figur macht ein Gefangener, der sein Leben rettet, indem er sich vor uns auf ein Podest stellt und mit schöner Stimme und echt italienischer Pose Opernarien singt, während unweit davon seine Landsleute zuhauf erschossen werden. Wir haben nämlich gerade unter den Gefangenen Ausschau nach einem Aushilfskoch gehalten. Er hat blitzschnell reagiert und sich auf seine Art bei uns gut eingeführt.

Im Dämmerlicht geht es wieder über eine Passstraße, erst nordwestlich, dann südlich in Richtung Trojanata. Wir begegnen Italienern, die mit Verwundeten nach Frangata fahren. Sie wissen wohl nicht, was sie dort erwartet. Kampflos erreichen wir um 23.00 Uhr den Bereitstellungsraum vor Trojanata. Auf der Anhöhe 447 Cserisameno sitzen noch Italiener, die mit Leuchtraketen das Gelände absuchen, als sie uns kommen hören. Die 3. Kompanie geht gegen sie vor, voran ihr 2. Zug. Es bleibt alles still. Wir sollen hier, etwa zwei Kilometer vor Trojanata nächtigen. Ich bin sehr müde und schlafe sofort ein, aber nur für Minuten, denn Spindler ist in seinen Gedanken unüberlegt und ändert andauernd seine Befehle, und ich habe sie aufzunehmen und weiterzuleiten. So quält er uns unnötig oft. Zum Beispiel verlangt er mitten in der Nacht von mir sofort Kaffee herbeizuschaffen, das auf freiem Feld, weitab von Häusern oder einer Küche. Ich möchte nicht auf Dauer in seiner unmittelbaren Umgebung arbeiten."[78]

So krank und außer Gefecht gesetzt, wie Spindler später dem ermittelnden Leitenden Oberstaatsanwalt bei der Zentralstelle für die Bearbeitung von nationalsozialistischen Massenverbrechen zu Protokoll gegeben hat, kann er also gar nicht gewesen sein. Denn nach den wahrheitsgemäßen Niederschriften des Kriegstagebuchführers Alfred Richter war der ehemalige HJ-Führer sowohl körperlich als auch geistig im Vollbesitz seiner Kräfte. Nach dem Krieg gab der Kommandeur des Gebirgsjägerbataillons 54 jedoch zu Protokoll:[79]

„Vor dem Einsatz auf Kefalonia habe er auf dem griechischen Festland eine Schussverletzung erlitten, die ambulant behandelt worden sei. Der Heilungsprozess sei schmerzhaft verlaufen, sodass er in der Folgezeit – auch auf Kefalonia – unter der Wirkung von Fieber und Medikamenten gestanden habe. Aus diesem Grund sei er nicht voll einsatzfähig gewesen und habe manche Vorgänge nicht mehr genau in Erinnerung. Er könne jedoch mit Sicherheit Folgendes sagen:

Sein Bataillon sei als letzte Einheit der Kampfgruppe von Hirschfeld in Prevesa nach Kefalonia eingeschifft und als erste Einheit nach Beendigung der Kämpfe wieder zum Festland gebracht worden. An einer Einsatzbesprechung des Majors von Hirschfeld in Prevesa habe er nicht teilgenommen. Er habe aber einer Einsatzbesprechung auf der Halbinsel Lixourion in Gegenwart von General Lanz beigewohnt. Dabei sei jedoch nicht von einem Führerbefehl beziehungsweise von der Erschießung der italienischen Soldaten gesprochen worden. Davon habe er zum ersten Mal gehört, als am Abend des 22. September 1943 nach Beendigung der Kämpfe in Argostolion ein Abendessen mit General Lanz und den deutschen Kommandeuren stattgefunden habe. Er habe zwar damals die Gespräche zwischen General Lanz und Major von Hirschfeld nicht genau verfolgen können, doch sei davon die Rede gewesen, einen Befehl zur Erschießung der italienischen Offiziere und Generale nicht auszuführen.

Er – Spindler – habe keine Erschießung angeordnet und auch von Massenexekutionen nichts gesehen oder gehört. Es habe lediglich später geheißen, gegen einige italienische Offiziere solle ein standgerichtliches Verfahren durchgeführt werden.

Diese Einlassung kann nicht widerlegt werden. Zahlreiche ermittelte ehemalige Angehörige des Gebirgsjägerbataillons 54 haben ebenfalls in Abrede gestellt, an Erschießungen von italienischen Gefangenen beteiligt gewesen zu sein. In den summarischen italienischen Beschuldigungen, dass vor allem „deutsche Gebirgsjäger“ die Erschießungen durchgeführt hätten, finden sich keine namentlichen oder personellen Hinweise auf Major Spindler oder Angehörige seines Bataillons.

Schließlich kann Spindler nicht nachgewiesen werden, dass er über die Erschießung einer größeren Anzahl italienischer Offiziere durch Angehörige der 2. Kompanie seines Bataillons unterrichtet war. Es ist nicht auszuschließen, dass der Kampfgruppenführer Major von Hirschfeld ein solches Kommando ohne nähere Begründung angefordert oder selbst eingesetzt hat. Für diese Annahme könnte sprechen, dass Spindler infolge einer Verlegung nicht voll einsatzfähig und daher insbesondere nach Ende des Kampfes nicht über alle Tätigkeiten seiner Bataillonsangehörigen informiert war. Bei dieser Beweislage ist das Verfahren gegen ihn einzustellen.“

Kriegseinsatz auf dem Balkan 1943 bis 1944

Nachdem der bisherige Kommandeur des Gebirgsjägerregiments 98, Oberstleutnant Josef Salminger, unter alles andere als ehrenwerten Umständen am 1. Oktober 1943 in Nordgriechenland nach einer Abschiedsfeier im Hauptquartier des XXII. Gebirgsarmeekorps in Johannina selbstverschuldet tödlich verunglückt war, wurde drei Tage später am 3. Oktober sogleich der Major Harald von Hirschfeld mit der Führung des Gebirgsjägerregiments 98 beauftragt.[80]

Zwei Monate später wurde der als „Schlächter von Kefalonia" titulierte Offizier am 8. Dezember 1943 mit Wirkung vom 1. Dezember zum Oberstleutnant befördert und tags darauf am 9. Dezember mit Wirkung vom 1. Dezember 1943 zum Kommandeur des Gebirgsjägerregiments 98 ernannt. Unter seinem Kommando setzten sich dann jene menschenverachtenden Einsätze auf dem Balkan fort, sodass die geschundenen Frontsoldaten in ihren privaten Tagebuchaufzeichnungen fortan vom Todesweg der „Raub- und Mordbrennerdivision" berichteten.[81] Am 3. Oktober 1943 schilderte zum Beispiel Alfred Richter die Lage kurz wie folgt:

„Die Banden und Italiener verteidigen sich im Raume Vijosetal – Telepene – Borsh nahe der Küste und dem Logarapass auf der Straße nach Vlora (Valona). Im Raum dieses Passes stehen die vordersten Teile unserer rechten Nachbardivision. Die ‚Gruppe Hirschfeld', bestehend aus der ‚Kampfgruppe Dodel' [I. Bataillon/ Gebirgsjägerregiment 99] und der ‚Kampfgruppe Haken' [motorisiertes Pionierbataillon], habe den Auftrag, den Feind zu vernichten und die Verbindung zu den 100er Jägern herzustellen. Gestern habe die ‚Kampfgruppe Haken' im Angriff bis zehn Kilometer vor Telepene in der Talenge vorgehen können. Heute solle Telepene genommen werden. Die ‚Kampfgruppe Dodel' habe indessen starke Banden über Borsh in Richtung Kuc zurückwerfen können. Die 3. Kradschützenschwadron befinde sich im Vorstoß auf die Küstenstraße in Richtung Logarapass. Unsere 1. Kompanie habe den Raum von Saranda und Delvinon, die 3. Kompanie die Nachschubstraße im Raum Konispol zu sichern."[82]

Diese Aussage bestätigt unter anderem auch eine offizielle Abendmeldung der „Gruppe von Hirschfeld" vom 3. Oktober 1943 sowie ein Feindbericht der „Kampfgruppe von Hirschfeld" während des Unternehmens „Panther" vom 23. Oktober 1943:[83]

„Nachmeldung zur Abendmeldung der Truppe:
3. Oktober 1943

Gebirgsjägerfeldersatzbataillon 79

Gebirgsjägerfeldersersatzbataillon 79 meldet den Abschluss der Unternehmung gegen Lingiades und Strumi. Linigiades und die Höhen 1.015 und 1.277 wurden gegen schwachen Feindwiderstand genommen. Fünfzig Zivilisten, die sich zum Teil in den Häusern versteckt hielten, wurden erschossen, die Ortschaft niedergebrannt.

Eigene Verluste, ein Leichtverwundeter.

Die Ortschaft Strumi war nur von Frauen und Kindern bewohnt und wurde mit Rücksicht auf die Jungvieh- und Schafbestände sowie landwirtschaftlichen Vorräte nur zum Teil zerstört.

Gruppe von Hirschfeld:
20.00 Uhr

Durchbruch und Wegnahme von Tepelina durch Pi. 414 ist alleiniger Verdienst von Hauptmann Spindler, der persönlich, unter Zusammenfassung von Kradmeldern ohne Rücksicht auf Feindeinwirkung die Enge durchstoßen hat. In Tepelina vierzig Banditen erschossen. Ortschaften ostwärts der Straße niedergebrannt. Feind hat sich mit Masse auf die Höhen westlich und südwestlich Tepelina zurückgezogen. Argirokastro stark feindbesetzt.

Nachhaltige Unterbrechung der Nachschubstraße. 2. Kompanie/Gebirgsjägerbataillon 54 seit 18.00 Uhr für Angriff und Säuberung dort angesetzt.

von Hirschfeld“

Führer des Gebirgsjägerregiments 99

Am 30. August 1944 wurde der kurz zuvor am 20. August zum Major beförderte Wilhelm Spindler mit Wirkung vom 1. September 1944 in die Führerreserve der Heeresgruppe F unter gleichzeitiger Kommandierung zum 18. Regimentsführerlehrgang an die 1. Inspektion – Lehrstab 2 an die Infanterieschule Döberitz-Elsgrund abkommandiert. Am 25. September 1944 wurde der Ritterkreuzträger mit Wirkung vom 9. Oktober 1944 mit der Führung des Gebirgsjägerregiments 99 beauftragt.

Während eines abermaligen und zugleich letzten Einsatzes in Montenegro in der Zeit vom 25. Juli bis zum 21. August 1944 trafen die Gebirgsjäger bereits auf straff organisierte Partisanenverbände des Marschalls Tito, die in Bataillone, Regimenter und Brigaden gegliedert waren und deren Angehörige nun Uniformen trugen. Ausgerüstet waren diese Verbände mit Panzern britischer Herkunft, mit leichten und schweren Geschützen sowie mit erbeutetem Kriegsmaterial. Unterstützt wurden sie dabei durch englische Tiefflieger, die den deutschen Truppen teilweise schwere Verluste zufügten, da ihre Luftherrschaft bereits verloren war. Zwischen dem 23. August und dem 5. September 1944 marschierte die 1. Gebirgsdivision innerhalb der Heeresgruppe F zur Schlacht in Serbien auf, nachdem die Sowjets in Rumänien eingebrochen waren und zur Donau vordrangen. Zur Entwaffnung des bulgarischen Bundesgenossen kamen die Gebirgsjäger nach mancherlei widersprüchlichen Befehlen der vorgesetzten Dienststellen aufgrund der sich permanent überstürzenden politischen Ereignisse gerade noch rechtzeitig, als sie wenig später auch schon ihrem Einsatz in Jugoslawien zustrebten.

Vom 8. bis 30. September 1944 stand die 1. Gebirgsdivision weit auseinandergerissen zwischen Vlasotince und Zaječar an der jugoslawisch-bulgarischen Grenze in teilweise schweren Abwehrkämpfen. Die Eisenbahnlinien waren durch Sabotagetrupps nachhaltig zerstört worden, sodass für den Divisionskommandeur schnell durchzuführende Truppenbewegungen nicht mehr in Frage kamen. Jenseits der Grenze marschierten bereits sowjetische, bulgarische und rumänische Streitkräfte auf. Hinter der Front führten Titos Partisanenverbände einen gnadenlosen Kampf. Allerorten lauerte der heimtückische Gegner.

„Am 29. September muss die Hauptkampflinie über die Nachschubstraße zurückgezogen werden. Sofort überflutet der Russe sie in unkontrollierbaren Mengen. Die Division war somit abgeschnitten“, heißt es in einem zeitgenössischen Bericht.

„Im Einschließungsring befinden sich zu diesem Zeitpunkt: Führungsabteilung des Divisionsstabes, Gebirgsjägerregiment 98 mit Bespann- und motorisierten Trossen, Gebirgsjägerregiment 99 mit Bergteilen, Kampfteile Gebirgsartillerieregiment 79, Bergteile Gebirgsjägerbataillon 54, Gebirgspionierbataillon 54 vollmotorisiert, Gebirgspanzerjägerabteilung 44, Divisionskampfschule, Hauptverbandsplatz Linz und eine bespannte Fahrkolonne. Dazu das geschlossene motorisierte Regiment ‚Brandenburg'. In Zaječar sammeln unter Major Groth: Aufklärungsabteilung 54, Feldersatzbataillon 79, die Trosse von Gebirgsjägerregiment 99 und Divisionstruppen. Die Quartiermeisterabteilung, die Versorgungstruppen und die Ergänzungsteile sind noch im Raum Nisch. Die neue Gruppe Major Groth greift am 30. September von Zaječar nach Norden an; sie kommt jedoch nicht über Anfangserfolge hinaus. Der russische Druck auf Zaječar verstärkt sich rasend schnell, die Übermacht wächst ins Gewaltige. Ungehindert und, was fast noch schlimmer ist, ungesehen strömt der Gegner über die Straße Negotin – Zaječar."[84]

Jugoslawien befand sich in Aufruhr. Die 1. Gebirgsdivision war mit der 7. SS-Freiwilligen-Gebirgsdivision „Prinz Eugen" als den beiden kampfstärksten Verbänden dieses Frontabschnittes, in einen wahren Hexenkessel geraten. Durch einen feindlichen Panzervorstoß in der Stärke von zwei sowjetischen Schützenkorps mit fünf Divisionen und einer Panzerbrigade, mit Teilen des sowjetischen IV. mechanischen Korps sowie mindestens zwei, wenn nicht mehr Titodivisionen wurde die 1. Gebirgsdivision am 30. September in Richtung Morava in drei Teile gespalten:

1. **Hauptgruppe von Stettner** mit der Masse der Kampftruppe der 1. Gebirgsdivision mit rund 12.000 Mann, die sich am 1. Oktober von Megotin abgesetzt hatten und in zähem Kampf gegen eine erdrückende Obermacht in Richtung Požarevac auswichen.
2. **Kampfgruppe Groth** in Zaječar mit dem III. Bataillon/Gebirgsjägerregiment 99 ohne Stab, der 11. und 16. Kompanie des Gebirgsjägerregiments 99, dem Feldersatzbataillon 79, dem I. Bataillon/Gebirgsartillerieregiment 79, der Aufklärungsabteilung 54 ohne 4. Kompanie dem Brückenkommando 54, dem Marinebataillon Deutsch, der Artillerieabteilung Kohn sowie einigen Panzern, einer 8,8-cm-Flakbatterie und versprengten Luftwaffeneinheiten. Diese Kampfgruppe versuchte wiederholt, von Boljevac aus den Anschluss an die Gruppe von Stettner zu gewinnen. Da dies misslang, wurde sie Anfang Oktober der Gruppe des Generals Fischer (Korps F. W. Müller) unterstellt.
3. **Quartiermeisterabteilung** des Majors im Generalstab Lingg, die aus dem Raum Nisch im Verband des Korps Müller zunächst in den Raum von Kraljevo rückte, um erst wieder im Januar 1945 über Čačak und Zvornik bei der 1. Gebirgsdivision einzutreffen.

Der dreigeteilten Stammdivision der deutschen Gebirgstruppe, die ihren Auftrag, die Donauschleife zu säubern, wegen der gegnerischen Überlegenheit nicht mehr erfüllen konnte, standen folgende Kräfte des Feindes gegenüber:

1. **Im Raum Salaš – Negotin – Brza – Palanka:**
   Zwei Schützenkorps mit fünf Divisionen und einer Panzerbrigade.
2. **Im Raum Bela Reka – Slatina:**
   Teile des IV. mechanischen Gardekorps.
3. **Im Raum zwischen dem Timok und der Morava:**
   Mehrere Titodivisionen, darunter die 23. und 25. kommunistische Division.

Wegen ihrer aussichtslosen Lage wurde die 1. Gebirgsdivision vom 1. bis 14. Oktober 1944 gegen die Morava zurückgenommen, wobei es zu erbitterten Gefechten kam. Während dieser Zeit wurde das Feldersatzbataillon 79 nahezu aufgerieben. Auf den Höhen bei Zaječar hatte es starke sowjetische Angriffe abzuwehren und die Ostflanke der 7. SS-Freiwilligen-Gebirgsdivision „Prinz Eugen" zu schützen. Doch die Rote Armee überrollte schließlich auch die Gebirgsjäger der Waffen-SS.

Die Tragödie von Belgrad

Bis Mitte Oktober zog die 1. Gebirgsdivision über Požarevac in den Raum südlich von Belgrad. Eine Nebenabteilung der Stammdivision der deutschen Gebirgstruppe befand sich etwa zur gleichen Zeit am 17. Oktober 1944 weiter südlich im Rückmarsch nach Westen auf Gornji Milanovac. Nun bahnte sich vor den Toren Belgrads für Generalleutnant von Stettner und die 1. Gebirgsdivision eine Katastrophe an, denn die allgemeine Lage hatte sich im Südostraum der jugoslawischen Hauptstadt dramatisch zugespitzt. Seit dem 5. Oktober standen starke sowjetische Kräfte am Nordufer der Donau gegenüber von Belgrad, während Titos Partisanenverbände im Rücken der Gebirgstruppe Brücken, Straßen und sonstige Marschwege nachhaltig zerstörten.

„In richtiger Beurteilung der Lage", so Generalleutnant August Wittmann, „hatte General von Stettner die motorisierte Gruppe Osterwitz [II. und III. Bataillon/Division „Brandenburg"] über Kučevo – Petrovac – Svilajnac in das Moravatal entsandt, um diesen wichtigen Abschnitt für die Division offenzuhalten. Bei ihrem Eintreffen dort wird sie von der Korpsgruppe Schneckenburger, die eine Aufnahmestellung hinter der Morava zu organisieren hatte, mit der Verteidigung von Požarevac und der Moravabrücke südwestlich davon beauftragt. Die Division selbst ist bestrebt, so rasch wie möglich das jenseitige Moravaufer zu gewinnen, um sich dort zu verteidigen. Durch Weisungen des Korps Müller wird sie aber immer wieder nach Süden gebunden, obwohl dort das Gebirgsjägerregiment 99 ohne Artillerie und Pak sowie ohne Versorgung – ihre Trosse sind bei der Gruppe Groth – wenig ausrichten kann."[85]

Jedoch zu spät! Erst am 12. Oktober erhielt der Kommandeur der 1. Gebirgsdivision, nachdem er ab 10. Oktober wieder dem Militärbefehlshaber Serbien unterstellt worden war, den Befehl zum sofortigen Rückzug hinter die Morava. Dabei richtete General der Infanterie Hans Felber folgendes Fernschreiben an Generalleutnant von Stettner:

„Ich verlasse mich beim Durchbruch über Petrovac auf Vorauskommando Palanka auf rückhaltlose und rascheste Durchführung meiner Befehle und auf den oft erprobten Kampfgeist Ihrer bewährten 1. Gebirgsdivision. Von Ihnen, Herr von Stettner, hängt der Gesamterfolg der Operation am Balkan ab!"

Die Worte des Befehlshabers in Serbien sollten, das war aus dem Fernschreiben zu entnehmen, die Bedeutung des neuen Auftrages für die arg strapazierte „Edelweiß-Division" noch einmal besonders hervorheben. Es dauerte knapp vierundzwanzig Stunden und die Rote Armee stand vor Belgrad. Hatte die 1. Gebirgsdivision stets versucht, sich einen freien Ausgang offenzuhalten, so sah sie sich plötzlich von allen Seiten eingekreist.

„So ist die Kampfgruppe von Stettner, zu der, neben der 1. Gebirgsdivision, die Gruppe Wittmann (motorisierte Brigade 92, Panzerjägerabteilung 44, 2. Batterie/

Sturmgeschützbrigade 191, Aufklärungsabteilung 116, II. Bataillon/737 Regiment Rhodos, Abteilungen Osterwitz und Scherenberg) getreten ist, ganz auf sich selbst gestellt", schreibt General Wittmann, vertretungsweise Kommandeur der 1. Gebirgsdivision während der Kampfhandlungen in Jugoslawien, der den Schicksalsweg der Stammdivision der deutschen Gebirgstruppe von der Morava bis zum Avalaberg – mit über fünfhundert Metern die höchste Erhebung im Großraum Belgrad – aufgrund zahlreicher Kriegstagebücher, Gefechtsberichte und Originaldokumente bisher am weitesten geklärt hat.[86]

„Jeder Mann erkennt den Ernst der Lage", fährt Wittmann fort. Noch lebt der alte Jägergeist. Schlimm steht es aber um ihre Kampfkraft, nur rund 10.000 Mann mag die Division insgesamt noch zählen. Dazu kommen einige Tausend aus fremden Verbänden und weitere Tausend verängstigter Wehrmachtsangehöriger, die sich auf der Flucht aus Bulgarien und Ostserbien uns angeschlossen haben. Mehr Ballast als Hilfe."[87]

Zwischen dem 15. und 17. Oktober 1944 versuchte Generalleutnant von Stettner mit der 1. Gebirgsdivision auf Belgrad vorzustoßen, um den Befehl auszuführen, den er vom Befehlshaber Serbien erhalten hatte. Doch bis zum 17. Oktober hatte der Angriff nicht den gewünschten Erfolg gebracht, sodass für einen erneuten Angriff eine Umgruppierung vorgenommen werden musste, die dann folgendermaßen aussah:

1. **Angriffsgruppe Wittmann:**
   Rechts Gebirgsjägerregiment 98, links Gebirgsjägerregiment 99; erstes Angriffsziel: Avala und die Höhen nordostwärts davon.
2. **Kampfgruppe Hillebrandt:**
   Motorisierte Brigade 92 und zwei Regimenter der Division „Brandenburg"
   Aufgabe: Schutz der Nordflanke zunächst südostwärts Mokri Lug.
3. **Kampfgruppe Langrock:**
   Rücken- und Flankensicherung mit dem Gebirgsjägerbataillon 54, der Aufklärungsabteilung 116 und den aus Trossen zusammengestellten Alarmeinheiten.

Als jedoch die aus dem Stand heraus neugebildeten Kampfgruppen in ihre Bereitstellungsräume einrückten, ergab sich für Generalleutnant von Stettner abermals eine andere militärische Lage, die den Angriff auf Belgrad als sinnlos erscheinen ließ. Die „Himbeerbubis", wie die Truppenoffiziere die elitär auftretenden Generalstabsoffiziere mit ihren roten Streifen an der Uniform geringschätzig nannten, waren rat- und sprachlos, da sie vielfach in der Führung von Gebirgstruppen nicht hinreichend ausgebildet worden waren.

Als ein Mann der Tat, der richtigen Entschlüsse und der besseren Nerven trat in dieser entscheidenden Situation jedoch weder der Kommandeur der 1. Gebirgsdivision noch seine Generalstäbler, die viel zu lange an den durch die Lageentwicklung längst überholten Befehlen der übergeordneten Führung festhielten, sodass die „Erste“ und mit ihr Tausende von Soldaten und Wehrmachtsgefolge völlig hoffnungslos eingeschlossen wurden, sondern der Führer des Gebirgsjägerregiments 98 hervor. Denn während General Ritter von Stettner noch zögerte und General Wittmann wortlos blieb, ergriff Major Alois Eisl als später gefeierter „Retter von Belgrad“ die Initiative und erklärte selbstbewusst, dass nur mehr ein geschlossener Ausbruch aus dem Kessel von Belgrad der einzige Ausweg sei.

Zuvor hatte er bereits im September 1944 im Norden des Vielvölkerstaates Jugoslawien an der bulgarischen Grenze von sich Reden gemacht. Dort gelang ihm im Raum Štubik die zur Verleihung des Ritterkreuzes zum Eisernen Kreuz führende Waffentat, als sein Regiment die bei Brza Palanka vorstoßenden Truppen der Roten Armee warf und dann bis an die Donau vorstieß. Die Sowjets hatten die Donau in südlicher Richtung überschritten und ein Bataillon des Gebirgsjägerregiments 13 der 4. Gebirgsdivision zurückgedrängt. Nach einem harten zweitägigen Kampf gelang es Major Eisl mit seinen Gebirgsjägern, die sowjetischen Truppen wieder über die Donau zurückzuwerfen.

Bei diesen Kampfhandlungen wurden 36 Geschütze, die meist im erbitterten Nahkampf erledigt wurden, erbeutet. Außerdem verloren die Sowjets wertvolles Kriegsgerät; und zwar eine Anzahl von Dreiachser-Lkw amerikanischer Bauart, die mit Munition, Gewehren und Maschinengewehren voll beladen waren. Die leichten Infanteriewaffen waren für die Partisanen bestimmt. Für diese handstreichartigen Unternehmen wurde Alois Eisl am 9. Dezember 1944 als Major und Führer des Gebirgsjägerregiments 98 mit dem Ritterkreuz ausgezeichnet.

Zu Pferde ohne Rücksicht auf den Feind und das gegnerische Feuer reitend, sorgte Major Eisl nun im Hexenkessel von Belgrad durch seine selbstständigen Entschlüsse und seine Tapferkeit für den nötigen Flankenschutz und die Verbindung der Bataillone und Kompanien untereinander, sodass dem Divisionskommandeur nichts anderes mehr übrig blieb, als folgenden klaren Befehl mit dem Auftrag zu geben:

„Durchbruch mit allen geländebeweglichen Teilen südlich am Avala vorbei unter Zurücklassung aller motorisierten und bespannten Trosse.“

Damit gab Generalleutnant von Stettner am 17. Oktober 1944 infolge der vorliegenden Feindmeldungen den ursprünglich beabsichtigten Durchstoß auf Belgrad auf und entschloss sich auf Drängen des Ritterkreuzträgers Eisl zum Ausbruch nach Westen. Er selbst empfand diesen Entschluss – sich der Tragik und der Schwere der ganzen verfahrenen militärischen Lage voll bewusst – als den „schwersten Entschluss meines Lebens“, wie er seinem Ic (3. Generalstabsoffizier), Oberleutnant Dr. Rothfuchs, am Abend des 17. Oktober um 21.00 Uhr mitteilte.

Im Tagebuch des Generalfeldmarschalls Freiherr von Weichs steht über jene schicksalhaften Tage folgendes zu lesen: „Durch Offizier, der westlich Belgrad über Save kam, ist festgestellt: Stettner hat bereits am 17. Oktober 1944 abends nach Misslingen des Angriffs auf Belgrad, befohlen, sich unter Zerstörung des Geräts nach Westen zur Save durchzuschlagen."

Eilig musste die 1. Gebirgsdivision ohne Nachrichtenmittel und auf völlig verstopften Straßen bei tiefer Dunkelheit für den Ausbruch nach Westen umgruppiert werden. Und das Unmögliche gelang den Gebirgsjägern und ihren energischen Truppenführern in der hoffnungslosen Lage: Innerhalb von zwei Stunden waren sie bereit, den Ausbruch aus dem Kessel von Belgrad zu riskieren. Zuvor hatten sie sämtliche Waffen und Gerät, das nicht auf den Tragtieren verlastet werden konnte, zerstört.

Am 18. Oktober, um 22.30 Uhr, begann der Ausbruch aus dem Kessel von Belgrad. Die nicht mehr gehfähigen Verwundeten blieben unter der Obhut des Oberarztes Dr. Marte und einiger selbstloser Sanitäter zurück. Sie wurden von den Partisanen erschossen oder erschlagen. Ihr Opfertod ist ein hohes Lied der unverbrüchlichen Kameradschaft bis zur letzten Stunde.

Rasch drängte der übermächtige Gegner nach und verwickelte die ausbrechenden Gebirgstruppen in verlustreiche Kämpfe. Aber während der Morgendämmerung gelang es den Gebirgssoldaten, die feindlichen Stellungen südlich des Avalaberges zu überrennen. Das Tor nach Westen, in die Freiheit, war damit aufgestoßen.

Sowjetische Panzer, die auf den Straßen aus allen Rohren auf die ausbrechenden Landser feuerten, wurden mit Panzerabwehrwaffen bekämpft. Dicht nebeneinander standen die Geschütze der Roten Armee und feuerten im direkten Beschuss auf die ausgebrochenen deutschen Kolonnen. Es war ein ungleicher Kampf des David gegen Goliath.

„Mit wütendem Hurra, erbittert durch die Verluste der Kameraden, ihrer Geschütze und Fahrzeuge stürzen sich die Gebirgler auf den Feind", erinnerte sich General Wittmann. „Sie wissen, dass es nur Tod oder Leben gibt. Wie ein reißender Gebirgsbach, der alles in seinem Strudel verschlingt, brechen sie über alle Hindernisse hinweg! Und sie schaffen es – anders als einst die Russen aus dem Berekagrund im Mai 1942. Was hier an Tapferkeit, an Mut und Verzweiflung, an Kameradschaft und Nächstenliebe geleistet wird, vermag keine Feder zu beschreiben."[88]

Das Kriegstagebuch des Wehrmachtnachrichtenführers bei der Armeeabteilung Serbien berichtet am 19. Oktober 1944: „In Belgrad verstärkt der Feind seinen Druck gegen die eigenen Brückenköpfe. An Stellen, an denen bisher nur Partisanen eingesetzt waren, greifen nunmehr auch russische Kräfte an [...]"

Und unter dem 20. Oktober 1944 steht zu lesen: „In der Nacht vom 20. Oktober 1944 Zurücknahme eigener Brückenkopf Belgrad nördliches Saveufer und Aufnahme Teile Korpsgruppe von Stettner im Raum südlich Surcin – Boljevci unter Einsatz [...]"

Am 19. Oktober 1944 hatte Generalfeldmarschall Freiherr von Weichs die Räumung Belgrads angeordnet. Tags darauf verließen die letzten deutschen Besatzungstruppen nach beharrlichem Gefecht die Stadt. Nach vierjährigem Kampf hatte Tito sein Ziel, welches er zäh verfolgt hatte, erreicht. Für die Partisanen war der Gewinn Belgrads bedeutsam, weil sie sich nun dank der interalliierten Politik fast unangefochten in den Besitz der Staatsmacht setzen konnten. Politisch, militärisch und wirtschaftlich wurden sie fortan zu einer beachtlichen Machtgruppe, denn die Kontrolle über die militärischen Kräfte, über die Polizei, den Rundfunk, die Presse und die Industrie verliehen ihnen diese staatliche Führungskraft.

Am 14. November 1944 wurde ergänzend zum Wehrmachtsbericht gemeldet: „In vierwöchigen schwersten Kämpfen im Raum Belgrad hat sich eine Kampfgruppe unter Führung des Generalleutnants Stettner Ritter von Grabenhofen in Abwehr und Gegenangriff hervorragend geschlagen. Von der Luftwaffe wirksam unterstützt, fing sie die gegen den Raum Belgrad vorgetragene sowjetische Offensive in Stärke von zwölf Schützendivisionen und mehreren Panzerverbänden auf und vereitelte in heftigen Durchbruchskämpfen die feindlichen Umfassungsversuche."[89]

Nur wenigen Einheiten der in vielen Schlachten und Gefechten bewährten 1. Gebirgsdivision gelang es, nach Westen zur Drina durchzustoßen. Etwa 5.000 Gebirgssoldaten blieben im Kessel von Belgrad – darunter auch Generalleutnant Walter Stettner Ritter von Grabenhofen. Schwerverwundet fiel er den Feinden in die Hände. Seitdem fehlt von ihm – wie von den meisten als vermisst gemeldeten Soldaten – jede Spur …

„Was das tatsächliche Ende unseres Divisionskommandeurs, Herrn General von Stettner anbelangt […] könnte es sein, dass ich etwas mehr Licht in dieses Ungewisse bringen kann", schrieb Erich Fleck von der 3. Kompanie des Gebirgsjägerbataillons 54, nachdem er das Buch „Die Stammdivision der deutschen Gebirgstruppe" mit innerer Anteilnahme gelesen hatte.[90] „In den ersten Tagen meiner Gefangenschaft, beim Marsch in Richtung Vidin [Widin]/Donau/Bulgarien", so Fleck, „lief eine Zeit lang ein mir namentlich nicht bekannter Kamerad neben mir, der wörtlich und zum Teil sinngemäß damals zu mir sagte, dass er der Fahrer unseres Divisionskommandeurs Herrn Generalleutnant von Stettner gewesen wäre. Er habe gesehen, wie der General nach seiner Verwundung hinter eine Kusselgruppe gekrochen wäre und dann hätte es gekracht. Ich habe mir diese Worte deshalb bis heute gemerkt, da es sich ja schließlich um unseren General gehandelt hat. Auch ist Dienstgrad und Name genannt worden. Sollte dieser Kamerad richtig berichtet haben, und ich wüsste keinen Grund, daran zu zweifeln, dann hat Herr General von Stettner seinem Leben selbst ein Ende gesetzt."[91]

Erich Fleck geriet am 19. Oktober 1944 am Avalaberg in Gefangenschaft, aus der er erst nach über fünf Jahren am Heiligabend 1949 zu seinen Angehörigen zurückkehren konnte. Er durchlitt in den Straflagern des Grauens und Schreckens eines von Tausenden und Abertausenden von Soldatenschicksalen des Zweiten Weltkrieges.[92]

Major Wilhelm Spindler und Unteroffizier Georg Audenrieth (von links nach rechts), die beiden hoch ausgezeichneten Soldaten vom Gebirgsjägerregiment 99.

*Eine Fahrzeugkolonne
auf dem Balkan 1944.*

Partisanen mit Verwundeten
während einer Rast.

Junge albanische Mohammedaner
aus der Gegend von Pec im Jahr 1944.

Ritterkreuzträger Wittmann als Kommandeur der 1. Gebirgsdivision.

Georg Audenrieth wurde das Ritterkreuz am 10. Februar 1945 verliehen

Major Alois Eisl wurde am 9. Dezember 1944 als Führer des Gebirgsjägerregiments 98 mit dem Ritterkreuz des Eisernen Kreuzes ausgezeichnet.

Oberstleutnant Karl Eisgruber soll nach Kriegsende am 1. Juni 1945 als Kommandeur des Gebirgsjägerregiments 98 das Ritterkreuz des Eisernen Kreuzes noch erhalten haben.

Verbots- und Straßenschild
an einer Durchfahrtsstraße
auf dem Balkan 1943/1944.

Der heißumkämpfte,
über fünfhundert Meter hohe Avalaberg.

Einer kleinen Gruppe von Gebirgsjägern gelang der Ausbruch aus dem Kessel von Belgrad.

Auch diese Soldaten entkamen im Oktober 1944 aus dem Belgrader Kessel.

Ebenso entkam dieser Gebirgsjäger – im Gegensatz zu rund 5.000 anderen, die im Kessel zurückblieben.

Generalleutnant Josef Kübler (Mitte), ein Bruder von Ludwig Kübler, schreitet mit dem frisch ausgezeichneten Georg Audenrieth (rechts) und dem Eichenlaubträger Spindler (links im Bild) die Ehrenformation ab.

Verleihung des Ritterkreuzes an Georg Audenrieth am 10. Februar 1945 durch Generalleutnant Josef Kübler. Links am Bildrand steht der soeben ausgezeichnete Eichenlaubträger Wilhelm Spindler.

Major Spindler (Bildmitte), welcher am 31. Januar 1945 als Führer des Gebirgsjägerregiments 99 mit dem Eichenlaub ausgezeichnet wurde und Ritterkreuzträger Audenrieth (rechts) mit Generalleutnant Josef Kübler (links).

Vom Plattensee in die „Alpenfestung“

Nach dem Aderlass von Belgrad war die 1. Gebirgsdivision nicht mehr jene Elitedivision, die sie vorher gewesen war. Zu groß waren ihre Verluste, zu viele bittere Niederlagen hatten die Gebirgsjäger hinnehmen müssen, als dass sie noch an ein gutes Ende zu glauben vermochten. Die dauernde physische und psychische Überforderung aller wirkte sich auch ungünstig auf die Kameradschaft sowohl beim Offizierskorps als auch bei den Mannschaften aus.

Auch in anderer Hinsicht war die Stammdivision der deutschen Gebirgstruppe seit den Tagen von Belgrad nicht mehr die elitäre Gardedivision, wie Hitler sie einst während der „Blitzsiege“ bezeichnet hat. Es wurden ihr nämlich aufgrund der hohen Verluste zu viele Soldaten zukommandiert, die nie zuvor der Gebirgstruppe angehört haben, sodass diese im Gebirgskrieg unerfahrenen Truppenteile schließlich dominierten. Das war aber die einzige Möglichkeit, um die „Edelweiß-Division“ wieder einigermaßen aufzufüllen, da eine vollwertige Auffrischung über ihre angestammten Ersatztruppenteile einfach nicht mehr möglich war.

Zu ihrer Bewaffnung und Ausstattung wurden der unzuverlässig gewordenen und aus bosnisch-muselmanischen Freiwilligen bestehenden 13. Waffengebirgsdivision der SS „Handschar“ mit der kroatischen Nr. 1 deren Waffen und Gerät abgenommen.“[93] Diese Maßnahme fand aber das Missfallen des Reichsführers-SS Heinrich Himmler und musste am 31. Oktober 1944 wieder rückgängig gemacht werden, nachdem neue Waffen für die 1. Gebirgsdivision eingetroffen waren. Dennoch hatte sie mit der altbewährten „Ersten“ nicht mehr viel gemeinsam. Das Oberkommando des Heeres beziehungsweise der Wehrmacht zog daraus schließlich die Konsequenzen und formierte sie im März 1945 kurzerhand in eine Volksgebirgsdivision um.[94]

Die Schlacht um den ungarischen Zentralraum hatte begonnen.

Vom 23. November 1944 bis zum 5. März 1945 war die 1. Gebirgsdivision zwischen der Drau und dem Plattensee, vom 6. bis zum 22. März 1945 in der sogenannten Frühjahrsschlacht am Plattensee eingesetzt. Auch bei diesen Kämpfen kam sie nicht immer geschlossen zum Einsatz, sodass ihre ohnehin schon stark reduzierte Kampfkraft noch mehr verringert wurde. Dessen ungeachtet gelang es den einzelnen Verbänden immer wieder, die erdrückende feindliche Übermacht wenigstens zeitweise aufzuhalten, um das Schlimmste zu verhindern. So brachte Wittmann in seinem Abschnittsbereich die ins „Wanken geratene deutsche Front wieder zum Stehen, nachdem sich die 1. Gebirgsdivision am 4. Dezember 1944 in die Zwischenstellung Nemetlad – Kadarkút und tags darauf in die Linie Lábod – Kutas – Nagybajom zurückgezogen hatte, um alle verbissenen sowjetischen Angriffe, die teilweise mit massierter Panzerunterstützung geführt wurden, aufzufangen. Die Auffrischung der Division fand während der winterlichen Stellungskämpfe zwischen der Drau und dem Plattensee ihren Abschluss. Am 17. Dezember 1944 wurde Generalleutnant Josef Kübler, der jüngere Bruder des Generals der Gebirgstruppe Ludwig Kübler, kurzfristig neuer Kommandeur der 1. Gebirgsdivision. Die Truppe war so sehr angespannt, dass sie den inzwischen hereingebrochenen Winter kaum wahrnahm. Der Himmel war meist bedeckt und trüb, die Temperaturen lagen unter dem Gefrierpunkt.

„Weihnachtsgedanken kommen nicht auf," notierte Generalleutnant August Wittmann in seinem persönlichen Kriegstagebuch. Ergänzend zum Wehrmachtsbericht wurde am 22. Dezember 1944 gemeldet:

„In Südungarn haben sich die Sturmbrigade einer Panzerarmee unter Führung von Oberstleutnant von Rudno und das Gebirgsjägerregiment 99 unter Führung des mit dem Ritterkreuz zum Eisernen Kreuz ausgezeichneten Majors Spindler in verbissenen Kämpfen zahlloser Umfassungsversuche starker sowjetischer Kräfte erwehrt und die Kraft der feindlichen Angriffe durch zähes Standhalten gebrochen."[95]

Für diese Waffentat wurde Wilhelm Spindler am 31. Januar 1945 mit dem Eichenlaub zum Ritterkreuz des Eisernen Kreuzes ausgezeichnet. Die Aushändigung erfolgte am 10. Februar 1945 durch den Generalleutnant Josef Kübler anlässlich der Verleihung des Ritterkreuzes zum Eisernen Kreuz an den zum Oberjäger der Reserve beförderten Georg Audenrieth.[96]

Mitte März 1945 wurde Generalleutnant Josef Kübler als Kommandeur der 1. Volksgebirgsdivision verabschiedet. Generalleutnant August Wittmann, der die Division bekanntlich bereits ersatzweise geführt hatte, wurde nun auch ihr neuer Kommandeur. Lange nach Beendigung des Zweiten Weltkrieges – im Jahr 1947 – wurden die Gebrüder Kübler, der verwundet in jugoslawische Kriegsgefangenschaft geratene General der Gebirgstruppe Ludwig Kübler wie auch sein Bruder Josef, der von den Amerikanern im März 1945 an Jugoslawien ausgeliefert worden war, ein Opfer von Titos Partisanenjustiz.[97]

Im Frühjahr 1945 nahm die 1. Volksgebirgsdivision vom 5. bis 22. März unter dem XXII. Gebirgsarmeekorps des Generals der Gebirgstruppe Hubert Lanz an der letzten großen Entscheidungsschlacht des südöstlichen Kriegsschauplatzes südlich des Plattensees in Ungarn teil. Über die Lage der Heeresgruppe Süd heißt es im „Kriegstagebuch des Oberkommandos der Wehrmacht" unter dem 7. März 1945:

„Bei den über die Drau vorgestoßenen Kräften, die zwei Brückenköpfe bildeten, musste die Spitze wieder zurückgenommen werden. Erreicht ist eine Tiefe von vier bis sechs Kilometern. Die 104. Jägerdivision seit Nachmittag beim Uferwechsel. Feindliches Feuer gegen die Brücken, ferner Luftwaffeneinsätze. Gegen Esseg wurde die 36. Tito-Division erkannt, gegenüber der 11. Luftwaffenfelddivision die 16. Tito-Division. Die 2. Panzerarmee greift an mit vier Divisionen, nämlich der 71. Infanteriedivision und der 13. SS-Division (Tarnbezeichnung für die 16. SS-Panzergrenadierdivision aus Italien), der 1. Volksgebirgsdivision und der 118. Infanteriedivision.

Fortschritte am Südflügel trotz stärkeren Widerstandes. Heute früh Fortsetzung des Angriffs, wegen des Wetters geringe Tätigkeit der Luftwaffe. […] Das Gelände ist noch sehr schlecht; die Panzer bleiben stecken. Besserung der Wegeverhältnisse wird erwartet. Bei der 8. Armee weiter Druck und neue Einbrüche."[98]

Trotz örtlicher Erfolge nahm das unausweichliche Schicksal nunmehr seinen Lauf, in den auch die 1. Volksgebirgsdivision hineingezogen wurde. Ohne die Zuführung neuer Kräfte war sie nicht mehr in der Lage, Entlastungsangriffe durchzuführen. Nachdem der großangelegte Panzerangriff der 6. SS-Panzerarmee gescheitert war, mussten die Verbände nördlich des Plattensees zurückweichen. Beim Panzerarmeeoberkommando 2 wurde die 1. Volksgebirgsdivision in den Raum nördlich des Plattensees verlegt. Am 26. März gelang es dem Gegner erneut, nördlich des Plattensees weiter in südwestlicher Richtung vorzustoßen.

Mit diesem militärischen Verlauf und Ausgang hatte der Eichenlaubträger Wilhelm Spindler allerdings nichts mehr zu tun, denn am 16. März 1945 wurde er durch einen Schuss in seinen linken Oberarm und dessen Bruch so schwer verwundet, dass er in ein Lazarett eingeliefert werden musste.

Alte Kameraden und Seilschaften

Nach dem Krieg studierte der Eichenlaubträger Wilhelm Spindler, der bis dato keinen Zivilberuf vorzuweisen hatte, Landwirtschaft und Pharmazie, wobei ihm während seiner Vernehmungen durch die Staatsanwaltschaft bei den Ermittlungsverfahren über die Morde auf der ionischen Insel Kefalonia an den wehrlosen italienischen Soldaten seine erworbenen Kenntnisse in der Pharmazie alles andere als von Nachteil waren, sodass er wiederholt die Malaria als Ursache für diverse Gedächtnis- und Erinnerungslücken herangezogen hat.

Neben seinem beruflichen Wirken in der Stuttgarter Hofapotheke suchte Spindler schon sehr früh den Kontakt zu seinen Mitkämpfern auf dem Balkan, insbesondere zu den ehemaligen Kefaloniakämpfern des Gebirgsjägerregiments 98 und des Gebirgsjägerbataillons 54, um einerseits alte Seilschaften zu reaktivieren für einen Neubeginn in der in der Aufstellung befindlichen 1. Gebirgsdivision der Bundeswehr oder um sich andererseits sogenannte „Persilscheine" zur gegenseitigen „Reinwaschung" auszustellen, wobei die Bundeswehr im Gebirgsstandort Mittenwald bei diversen nostalgisch befrachteten Kameradschaftsabenden und konspirativen Treffen die entsprechenden Liegenschaften, Traditionsräume und Hinterzimmer kostenlos zur Verfügung stellte.

Nicht umsonst sprach man schon sehr bald von der „Werdenfelser Seilschaft", die ohne ersichtliche Läuterungen nahtlos den Übergang von der Wehrmacht zur Bundeswehr, ohne viel zu hinterfragen, vollzog, sodass noch Jahrzehnte später der Viersternegeneral Dr. Klaus Reinhardt voller Stolz betonte:

„Die Gebirgstruppe der Bundeswehr ist von Männern aufgebaut und geistig ausgerichtet worden, die als Kommandeure, als Kompaniechefs und Kompaniefeldwebel die schreckliche Erfahrung des Krieges und der Diktatur am eigenen Leib erlebt und durchlitten haben. Sie haben die Uniform wieder angezogen, um uns, der nachfolgenden Generation, das Koordinatensystem ihrer Werteordnung, nämlich die feste Verankerung unseres Handelns in der Tradition der Freiheit und der Verantwortung, der Toleranz und der Würde weiterzugeben. Sie waren es, die uns die zeitlosen militärischen Werte wie Pflicht, Treue, Tapferkeit und Kameradschaft vorgelebt haben."[99]

Einer der Hauptakteure dieser Veteranentreffen war neben dem Kefaloniakämpfer Oberstleutnant der Bundeswehr Dr. Reinhold Klebe auch der Ritterkreuzträger Major a. D. Heinz Groth. Er und Spindler trafen sich nach Kriegsende vielfach, um sich gegenseitig zu entlasten. Das war nicht verwunderlich, wenn man berücksichtigt, dass beide Offiziere einst Nationalsozialisten waren. In der Nachkriegszeit zählten sie jedoch plötzlich zu denjenigen Herrschaften, die, nach unbequemen Wahrheiten gefragt, sich sehr schnell in ihr Schneckenhaus zurückzogen; ausgenommen jene Kameradschaftstreffen in den Liegenschaften der 1. Gebirgsdivision, wo es dann „eine besondere Freude war, dass auch Kamerad Willi Spindler mit Gattin [...] gekommen waren. [...] Zur Aufheiterung trug Kamerad Schorsch Zwerger bei, als er [...] lustige Verse von damals über Willi Spindler [...] zum Besten gab", lesen wir im Mitteilungsblatt für die Angehörigen der Reichswehr und Wehrmacht, der Waffen-SS und Bundeswehr.[100]

An anderer Stelle heißt es dann: Der Eichenlaubträger Spindler, „mein Kommandeur Gebirgsjägerregiment 99, gibt keinem Sammler noch mir eine Unterschrift auf sein Foto", beklagte sich der Ritterkreuzträger Georg Audenrieth, um nicht schlafende Hunde, sprich Ermittler zu wecken.[101] Auf Nachfrage erklärte seine Frau Hilderose:

„Mein Mann vertritt die Ansicht, dass er diese damaligen Aufgaben nicht allein, sondern zusammen mit den Kameraden gelöst hat, die ihm damals anvertraut waren."[102] Anvertraut? – Sie waren ihm und seinen Willkühraktionen nicht nur nach Aussage des Salzburger Kunstmalers und Professors Alfred Richter hoffnungslos ausgeliefert!

Vom Ritterkreuzträger Heinz Groth – unter anderem Ib (2. Generalstabsoffizier) und Nationalsozialistischer Führungsoffizier (NSFO) der 1. Gebirgsdivision – liegen mir aufschlussreiche Briefwechsel mit dem Generalleutnant a. D. August Wittmann vor.[103] Groth war von Beruf Richter und Amtsgerichtsdirektor, der als Volljurist, so sollte man annehmen, den Unterschied von Recht und Unrecht sehr genau kannte. Er war, wie er freimütig bekannte, „ein sehr unbequemer Vorgesetzter. – Wenn's um die Wurst geht, darf es sich der Führer nicht bequem machen, während er seine Leute verheizt."[104]

Der Ritterkreuzträger Audenrieth, der unter anderem in Griechenland und auf Korfu eingesetzt war, bemerkte: „Groth und Spindler waren nach Kriegsende dicke Freunde; ich weiß das von meinen Besuchen."[105] Was nicht verwunderlich ist, wenn man erfährt, dass beide in ihrer Vita einige braune Flecken aufzuweisen hatten.

16. 2. 46.

B. a. m.g. 28. 2. 46.

Lieber Wittmann!

War das eine Überraschung, als ich nach längerer Abwesenheit von Palenese(?) Deinen lieben Gruss mit der freudigen Nachricht von Deiner Entlassung vorfand! Herzlichen Dank vor allem auch für alle guten Wünsche, die ich auch im Namen meiner Frau aufs herzlichste erwidern darf mit der Bitte sie auch Deiner sehr verehrten Frau Gemahlin zu übermitteln! Nun sind wir ja bei Dir die grösste Sorge des langen Festsitzens(?) los u. das ist ja schon ganz grossartig! Und so glaube ich bestimmt, dass es Dir bei Deinem eisernen Willen, Betätigungsdrang u. Deiner Anpassungsfähigkeit gelingen wird, eine neue, anständige Lebensgrundlage zu schaffen! Dein so tapfer in Angriff genommenes, neues Betätigungsfeld u. dazu noch das, wenn auch noch so einfache Zusammenseindürfen mit Deinen Lieben wird Dir sicher über das Schwerste hin-

Nachkriegsbrief von Ritterkreuzträger Wilhelm Spindler an Generalleutnant August Wittmann vom 16. Februar 1946 – Seite 1.

verhelfen! Mögest Du dich recht rasch einarbeiten u. vor allem die so notwendige Befriedigung finden! — Fein, dass Du mit unserem getreuen Langsdorff u. den anderen schon Verbindung hast, solch ein Zusammentreffen u. Voneinanderwissen ist ja heute schon so unendlich viel wert! Ich selbst habe nach meiner Rückkehr im November gleich das Glück gehabt, auf die Spur von Wissmann, Stolz, Vögtle, Weiss u. Winkler (beide von Eisgarten) u. noch manchen anderen zu kommen. Bin zu fast allen hingefahren u. wir haben zusammen so manche schöne u. echte Stunde erlebt. —

Mein Arm macht mir noch immer zu schaffen. Trotzdem habe ich das Nichtstun keine 3 Wochen ausgehalten. Mein Ziel ist trotz aller bestehenden u. noch zu erwartenden Schwierigkeiten in der Landwirtschaft wenigstens durch Pacht zu einem eigenen, wenn auch noch so einfachen Betrieb zu kommen. Januar-Februar habe ich einen sehr guten theoretischen u. vor allem praktischen Obstbau.

Nachkriegsbrief von Ritterkreuzträger Wilhelm Spindler an Generalleutnant August Wittmann vom 16. Februar 1946 – Seite 2.

Kurs mitgemacht u. ab März werde ich mich praktisch auf einem Bauernhof in der Gegend einarbeiten. Hoffentlich lässt mich mein Arm nicht im Stich! Die Betätigung draussen in der Natur ist gerade heute so anständig u. echt. Ich hoffe nur, es finanziell durchzustehen, da Verdienstmöglichkeit sehr gering u. Geldlage so ungeklärt! —

Ende des Monats reicht es mir vielleicht zu einem Abstecher nach München u. da werde ich dann, wenn es nur irgend geht, bei Dir vorbeischauen! Hoffentlich klappt es, ich würde mich so freuen! Bis dahin alles Gute u. viele herzliche Grüsse auch an Deine sehr verehrte Frau Gemahlin u. alle Bekannten in Deinem Raum!

Stets! Dein Willi Spindler.

Nachkriegsbrief von Ritterkreuzträger Wilhelm Spindler an Generalleutnant August Wittmann vom 16. Februar 1946 – Seite 3.

Bildseite vom Kameradentreffen der 12. Kompanie/Gebirgsjägerregiments 98 im Oktober 1958 in Unterammergau.

Kameradschaftsabend der 13. Kompanie/Gebirgsjägerregiments 98 im August 1954 in Mittenwald. Zweiter von rechts Ritterkreuzträger Carl Rall, dritter Oberstleutnant der Reserve Carl Schulze, vierter Eichenlaubträger Wilhelm Spindler.

Postkarte, die anlässlich des ersten Treffens der ehemaligen Gebirgstruppe in München 1952 entstand.

Oberstleutnant Wilhelm Spindler

Geboren am 5. Juli 1914 in Stuttgart.
Verstorben am 20. August 1997 in Stuttgart.

Letzte Dienststellung:
Führer des Gebirgsjägerregiments 99 in der 1. Gebirgsdivision.

Beförderungen:
Oberschütze am 1. Oktober 1936
Gefreiter und Ernennung zum Reserveoffiziersanwärter am 1. Oktober 1936
Oberjäger am 1. Juni 1937
Feldwebel am 1. Oktober 1937
Leutnant der Reserve am 1. Januar 1938
Leutnant am 1. Oktober 1938
Oberleutnant am 20. November 1940
Hauptmann am 18. Dezember 1942
Major am 20. August 1944
Oberstleutnant mit handschriftlichem Vermerk auf der Verwendungskarte für die Ritterkreuzträger

Orden und Ehrenzeichen:
Eisernes Kreuz II. Klasse am 1. November 1939
Eisernes Kreuz I. Klasse am 28. Mai 1940
Ritterkreuz des Eisernen Kreuzes am 21. Dezember 1940
Verwundetenabzeichen in Schwarz am 10. August 1941
Infanteriesturmabzeichen am 12. August 1941
Verwundetenabzeichen in Silber am 28. Oktober 1941
Krone Rumäniens mit Schwertern am Band V. Klasse am 1. November 1941
Deutsches Kreuz in Gold am 8. Februar 1942
Nennung im Ehrenblatt des Heeres am 15. Juli 1942
Medaille Winterschlacht im Osten 1941/1942 (Ostmedaille) am 1. August 1942
Eichenlaub zum Ritterkreuz des Eisernen Kreuzes am 31. Januar 1945

Teilnahme an Feldzügen:
Einmarsch in Österreich 1938
Polenfeldzug 1939
Frankreichfeldzug 1940
Jugoslawienfeldzug 1941

Russlandfeldzug 1941 bis 1942
Kriegsschauplatz Balkan 1943 bis 1944/1945
Reichsschutzstellung/„Alpenfestung“ 1945

Neues Gebirgsjäger-Buch in Frankfurt vorgestellt

Buchpremiere auf der diesjährigen Frankfurter Buchmesse: Baden-Württembergs ehemaliger Ministerpräsident Filbinger (links), dessen Gattin und der Autor Roland Kaltenegger.

Frankfurt/Main (kb) – Auf der diesjährigen Frankfurter Buchmesse stellte unser Mitarbeiter Roland Kaltenegger sein viertes Gebirgsjäger-Buch vor: „Die Stammdivision der deutschen Gebirgstruppe – Weg und Kampf der 1. Gebirgsdivision 1935-1945“. Es beinhaltet die Epoche zwischen der Aufstellung und dem Ende der alten 1. Gebirgsdivision der Deutschen Wehrmacht.

Das Buch, das im Grazer Leopold Stocker Verlag rechtzeitig zur Buchmesse erschienen ist, wurde während der Vorstellung auch vom ehemaligen baden-württembergischen Ministerpräsidenten Filbinger gewürdigt, indem er unter anderem sagte, daß dieses Buch ein wichtiger Beitrag für die Traditionspflege der Gebirgsjäger der 1. Gebirgsdivision der Bundeswehr sei.

Der ehemalige Ministerpräsident Filbinger mit seiner Gattin zu Gast am Stand des Stocker Verlages auf der Frankfurter Buchmesse zur Buchpräsentation von Roland Kalteneggers Buch „Die Stammdivision der deutschen Gebirgstruppe – Weg und Kampf der 1. Gebirgsdivision 1935–1945“.

Nachwort

Ausgangspunkt dieser zeitgeschichtlichen Biografie ist eine seit Jahrzehnten zurückliegende Begegnung mit dem ehemaligen Ministerpräsidenten von Baden-Württemberg Dr. Hans Filbinger und dessen Gattin Ingeborg während einer Buchpremiere auf der Internationalen Frankfurter Buchmesse im Jahr 1981, bei der ich mein neuestes Buch über „Die Stammdivision der deutschen Gebirgstruppe – Weg und Kampf der 1. Gebirgsdivision 1935–1945“ vorstellte.

Es beinhaltet die Epoche von der Aufstellung bis zum Ende der „Edelweißdivision“ der Deutschen Wehrmacht. Das Buch wurde während der Präsentation vom ehemaligen Regierungschef des Südweststaates Baden-Württemberg als ein wichtiger Beitrag für die Traditionspflege der Gebirgsjäger der 1. Gebirgsdivision der Bundeswehr besonders hervorgehoben.

Wenig später betonte der passionierte Bergsteiger und Alpinist Filbinger in einem Dankschreiben an mich: „Dieses Werk ist eine wertvolle Dokumentation über die Gebirgstruppen, ihren Geist und ihre Leistungen, die gerade in heutiger Zeit von großer Bedeutung ist. Man sollte dieses Buch insbesondere den jungen Menschen in die Hand drücken, die sich so schwer damit tun, ein richtiges Verhältnis zur Nation und vor allem zur Verteidigung unseres Staatswesens zu finden.“[106]

Mit dem General August Wittmann stand ich seit dem Sommer 1973 bis zu seinem Tode in einem ständigen mündlichen und schriftlichen Gedankenaustausch, der durch einen umfangreichen Briefwechsel hinsichtlich gewisser Fragestellungen über die deutsche Gebirgstruppe dokumentiert ist und daher in zahlreichen Publikationen von mir bereits festgehalten wurde. Darüber hinaus hat er mir Einblicke in seine mehrbändigen Kriegstagebücher gewährt und die eine oder andere bedeutungsvolle Verbindung zu Generalen und Ritterkreuzträgern hergestellt, die für meine einschlägigen Forschungsarbeiten von besonderer Bedeutung waren.

Nach seinem Tod setzte sich dieser vertrauensvolle Kontakt mit seiner Witwe Hildegard fort, sodass es fortan zu einem nicht weniger regen Gedanken- und Meinungsaustausch sowie zu jahrelangen gegenseitigen Besuchen im Glonner Quellenweg 11 und zuletzt in ihrem Altersruhesitz im Hanns-Seidel-Haus in Ottobrunn bei München kam. Vor ihrem Wohnsitzwechsel hatte sie mir noch das gesamte überaus wertvolle militärische Schriftgut samt sämtlichen Originalbriefwechseln, die zahlreichen Fotoalben aus der Kriegszeit sowie die umfangreiche Militärbibliothek des Ritterkreuzträgers August Wittmann dankenswerter Weise übereignet. Sie sorgte damit in weiser Voraussicht dafür, dass dieser einmalige Fundus nicht in falsche Hände geriet.

Der Hauptfeldwebel a. D. Georg Audenrieth stellte aufschlussreiche Schriftsätze von der Traditionsgemeinschaft der 3. Kompanie des Gebirgsjägerregiments 99 zur Verfügung. Sie beleuchten sehr eindrucksvoll, wie durch psychischen Druck oder gezielte Rufmord-Kampagnen in die Jahre gekommene Verfasser von Kriegsberichten plötzlich gezwungen werden, sogenannte Ehrenerklärungen abzugeben, um Kriegsverbrechen oder ehrenunwürdige Handlungen im Nachhinein in das Gegenteil zu verkehren. Es handelt sich hierbei insbesondere um die Niederschrift „Die Rückzugskämpfe des Gebirgsjägerregiments 99 im Verband der 1. Gebirgsdivision [...] vom 8. März 1945 bis 9. Mai 1945“ seines ehemaligen Regimentsführers Heinz Groth, welche in reaktionären Kreisen für erhebliche Aufregung sorgte.[107]

Der Salzburger Maler Professor Alfred Richter stellte für dieses Buchprojekt sein umfassendes Kriegstagebuch samt den dazu gehörenden Fotoalben zwecks Reproduktion mit den erschütternden Bildern von niedergemetzelten italienischen Kriegsgefangenen zur Verfügung; allerdings mit der Auflage, dass diese hochbrisanten Dokumente in Wort und Bild erst nach seinem Tod – im Jahr 1999 – veröffentlicht werden dürfen. So wünschte er mir wiederholt viel Erfolg in meinem schriftstellerischen Schaffen, das er über ein Jahrzehnt mit Rat und Tat unterstützte, „weil ich Ihre korrekte und sachlich fundierte Aussage in allen Ihren Büchern schätzen lernte.“[108]

Richters Text- und Bild-Dokumente zeigen meist das andere Gesicht des Krieges. Als Schöngeist und anerkannter Kunstmaler[109] hat er trotz aller barbarischen Kriegshandlungen nie den Blick für die Sorgen und Nöte des einfachen Frontsoldaten und der gedemütigten italienischen Kriegsgefangenen verloren. „Ohne Ansehen der militärischen Stellung der Mannschaften“, so der schonungslose Bericht des Kriegstagebuchschreibers, „werden auch Sanitäter und Priester von der Erschießung nicht ausgenommen.“[110]

Roland Kaltenegger
Kufstein/Tirol
im Frühjahr 2020

Dr. Dr. h.c. Hans Filbinger
Ministerpräsident a. D.

Mörikestraße 30
7000 Stuttgart 1
Telefon (0711) 603530

Herrn

13. Januar 1982-ds

Diplom-Bibliothekar
Roland K a l t e n e g g e r
Gottfried-Keller-Strasse 3

8208 Kolbermoor/Obb.

Sehr geehrter Herr Kaltenegger,

Sie haben mir mit der Übersendung Ihres Buches "Die Stammdivision der deutschen Gebirgstruppe" eine grosse Freude gemacht. Dieses Werk ist eine wertvolle Dokumentation über die Gebirgstruppen, ihren Geist und ihre Leistungen, die gerade in heutiger Zeit von grosser Bedeutung ist. Man sollte dieses Buch insbesondere den jungen Menschen in die Hand drücken, die sich so schwer damit tun, ein richiges Verhältnis zur Nation und vor allem zur Verteidigung unseres Staatswesens zu finden.

Ich wünsche Ihrem Buch eine weite Verbreitung und guten Erfolg und bin

mit freundlichen Grüssen
Ihr

Hans Filbinger

Brief von Dr. Dr. h. c. Hans Filbinger an Roland Kaltenegger vom 13. Januar 1982.

Anmerkungen

[1] Kaltenegger, Roland: Die Stammdivision der deutschen Gebirgstruppe. Weg und Kampf der 1. Gebirgsdivision 1935–1945. Graz, Stuttgart 1981.

[2] Kaltenegger, Roland: Generalleutnant Harald von Hirschfeld. Vom Ausbildungsleiter des Sohnes des chinesischen Marschalls Chiang Kai-shek zum jüngsten General des Heeres. Würzburg 2018.

[3] Schaulen, Fritjof: Eichenlaubträger. 1940–1945. Bd. I–III. Selent 2003–2005. Bd. III.

[4] Die Berichte des Oberkommandos der Wehrmacht. 1939–1945. Bd. 1–5. München 2004. Bd. 5. S. 446.

[5] Pflug, Hans: Deutschland. Landschaft, Volkstum, Kultur. Ein Handbuch. Leipzig 1937. S. 574 f.

[6] Lexikon. Deutsche Geschichte im 20. Jahrhundert. Hrsg. Waldemar Schütz. Rosenheim 1990. S. 185 f.

[7] Kaltenegger, Roland: Generaloberst Eduard Dietl. Teil 1 u. 2. Würzburg 2012.

[8] Kaltenegger, Roland: General der Gebirgstruppe Ludwig Kübler. Der Bauherr der deutschen Gebirgstruppe und seine Zeit. Würzburg 2011.

[9] Kaltenegger, Roland: General der Gebirgstruppe Georg Ritter von Hengl. Vom Militär-Max-Joseph-Ritter im Ersten Weltkrieg zum Ritterkreuzträger im Zweiten Weltkrieg. Würzburg 2012.

[10] Seidel, Max: Wir tragen stolz das Edelweiß. Eine Bildfolge vom Dienst unserer Gebirgstruppen. 11.-20. Tsd. Stuttgart 1941. S. 5.

[11] Roschmann, Hans: Röhm-Putsch 1934. Überlingen 1989. S. 19.

[12] Ebenda, S. 20.

[13] Ebenda, S. 35.

[14] Messerschmidt, Manfred: Die Wehrmacht im NS-Staat. Zeit der Indoktrination. Hamburg 1969. S. 32.

[15] Geschichte des Gebirgsjägerregiments 98. Berlin o.J. S. 1.

[16] Das deutsche Heer 1939. Gliederung, Standorte, Stellenbesetzung und Verzeichnis sämtlicher Offiziere am 03. 01. 1939. Hrsg. Hans-Henning Podzun. Bad Nauheim 1953. S. 355 f.

[17] Fritz, Friedrich: Der deutsche Einmarsch in Österreich 1938. 3. Aufl. Wien 1982. S. 7.

[18] Schmidl, Erwin A.: März 38. Der deutsche Einmarsch in Österreich. Wien 1987. S. 197.

[19] Ebenda, S. 198.

[20] Ebenda, S. 198.

[21] Ebenda, S. 198.

[22] Ebenda, S. 198.

[23] Ebenda, S. 198.
[24] Kaltenegger, Roland: Die Schlachten am Isonzo. Österreich-Ungarns letzter Sieg vor dem Untergang der Donaumonarchie. Teil 1 u. 2. Würzburg 2018.
[25] Geschichte des Gebirgsjägerregiments 98. A.a.O.
[26] Ebenda, a.a.O.
[27] Kaltenegger, Roland: Geheimkommandos und Blitzkriege. 1938–1940. Teil 1: Vom Anschluss Österreichs zum Polenfeldzug. Würzburg 2018. S. 142 ff.
[28] Wir zogen gegen Polen. Kriegserinnerungswerk des VII. Armeekorps. Hrsg. vom Generalkommando VII. A.K. 2. Aufl. München 1940. S. 99.
[29] Kaltenegger: Geheimkommandos und Blitzkriege. Teil 2: Vom Westfeldzug zum Handstreich auf Gibraltar. S. 20 ff.
[30] Kaltenegger, Roland: Schörner. Feldmarschall der letzten Stunde. Biografie. München 1994. S. 158 ff.
[31] Kaltenegger, Roland: Generalleutnant Egbert Picker. Vom Gebirgsjägeroffizier der Wehrmacht zum Kommandeur des deutschen Verbindungskommandos bei Mussolini. Würzburg 2013.
[32] Der Stoß in Frankreichs Herz. Der Feldzug einer Gebirgsdivision in Frankreich. Hrsg. i. A. d. Gen. Kdo. VII. A. K. München 1941. S. 35.
[33] Kaltenegger: Geheimkommandos und Blitzkriege. Teil 2, S. 191 ff.
[34] Kaltenegger, Roland: Hakenkreuz über Griechenland. Der deutsche Balkanfeldzug 1941 in Dokumenten und Zeitzeugenberichten. Würzburg 2016.
[35] Gehring, Egid: Unterm Edelweiß in Jugoslawien. Hrsg. i. A. d. Generalkommandos VII. Armeekorps. München o.J., S. 35 f.
[36] Ebenda, S. 18.
[37] Kaltenegger, Roland: General der Gebirgstruppe Karl Eglseer. Vom Schöpfer der 4. Gebirgsdivision zum Schicksalsgefährten des Generalobersten Dietl. Würzburg 2013.
[38] Kaltenegger: Generalleutnant Egbert Picker. S. 80 ff.
[39] Bader, Josef: Michl Pössinger. Lebensbilder eines Gebirgsjägers. Garmisch-Partenkirchen, Grainau 1997. S. 24.
[40] Burdick, Charles B.: Hubert Lanz. General der Gebirgstruppe. Osnabrück 1988. S. 107.
[41] Kaltenegger: Die Stammdivision der deutschen Gebirgstruppe. S. 216.
[42] Kriegstagebuch des XXXXIX. Gebirgsarmeekorps. II. Teil, S. 176 ff. [Militär- und Gebirgstruppenarchiv Kaltenegger].
[43] Bundesarchiv/Militärarchiv: XXXXIX. (Geb.) A.K., Bd. 18253/4b, S. 135. Ic Tätigkeitsbericht vom 1. Juli 1941.
[44] Zayas, Alfred M.: Die Wehrmachts-Untersuchungsstelle. Deutsche Ermittlungen über alliierte Völkerrechtsverletzungen im Zweiten Weltkrieg. 2. Aufl. München 1980. S. 346.

[45] Ebenda, S. 347.
[46] Goebbels, Josef: Tagebücher. Bd. 4, S. 737.
[47] Meyer, Frank Hermann: Blutiges Edelweiß. Die 1. Gebirgsdivision im Zweiten Weltkrieg. Berlin 2008. S. 60.
[48] Ebenda, S. 60.
[49] Ebenda, S. 64.
[50] Lanz, Hubert: Gebirgsjäger. Die 1. Gebirgsdivision 1935–1945. Bad Nauheim 1954. S. 139.
[51] Die Gebirgstruppe. 1964, Nr. 3, S. 11 f.
[52] Lanz: Gebirgsjäger. S. 155 f.
[53] Kaltenegger, Roland: General der Gebirgstruppe Rudolf Konrad. Vom Kommandierenden General der Kaukasusfront zum Namenspatron der Bundeswehr. Würzburg 2012.
[54] Bader: Michl Pössinger. S. 70.
[55] Tieke, Wilhelm: Der Kaukasus und das Öl. Der deutsch-sowjetische Krieg in Kaukasien 1942/1943. Osnabrück 1970. S. 144 f.
[56] Klietmann, Kurt-G.: Auszeichnungen des Deutschen Reiches 1936–1945. Eine Dokumentation ziviler und militärischer Verdienst- und Ehrenzeichen. Stuttgart 1981. S. 225.
[57] Kaltenegger, Roland: Major der Reserve Heinz Groth. Vom Führer der Elbruskompanie zum Regimentsführer am Semmering. Würzburg 2016.
[58] Buchner-Brief vom 10. Januar 1984 an den Verfasser. S. 2.
[59] Bauer, Josef Martin: Unternehmen „Elbrus“. Das kaukasische Abenteuer 1942. 3. Aufl. München, Wien 1976. S. 211.
[60] Kaltenegger, Roland: Major Michael Pössinger. Vom Ritterkreuzträger des Frankreichfeldzuges zum Eichenlaubträger im Kampf um Ostpreußen. Würzburg 2018. S. 100.
[61] Kriegstagebuch des Oberkommandos der Wehrmacht (Wehrmachtsführungsstab) 1940–1945. Geführt von Helmuth Greiner und Percy Ernst Schramm. Im Auftrag des Arbeitskreises für Wehrforschung. Hrsg. von Percy Ernst Schramm. Bd. 1–4. Frankfurt am Main. 1963–1969. Bd. III/l, S. 86.
[62] Lanz: Gebirgsjäger. S. 167.
[63] Kaltenegger, Roland: Generalleutnant Walter Stettner Ritter von Grabenhofen. Vom Alpenkorpskämpfer des Ersten Weltkrieges zum Ritterkreuzträger im Zweiten Weltkrieg. Würzburg 2014.
[64] Kriegstagebuch des Oberkommandos der Wehrmacht (Wehrmachtsführungsstab) 1940–1945. Bd. III/l, S. 215.
[65] Kaltenegger, Roland: Totenkopf & Edelweiß. General Artur Phleps und die südosteuropäischen Gebirgsverbände der Waffen-SS im Partisanenkampf auf dem Balkan 1942–1945. Graz 2008.

[66] Kriegstagebuch des Oberkommandos der Wehrmacht (Wehrmachtsführungsstab) 1940–1945. Bd. III/2, S. 841.
[67] Kaltenegger, Roland: Die Todesinseln des Ionischen Meeres. Das Drama von Korfu und Kefalonia in Dokumenten und Zeitzeugenberichten 1943–1944. Würzburg 2015. (2. Auflage 2018).
[68] Ebenda. S. 83 ff.
[69] Helmholz-Brief vom 15. April 1984 an Roland Kaltenegger. S. 1.
[70] Bundesarchiv-Militärarchiv: Kriegstagebuch des XXII. Geb. A. K., Bd. 3.
[71] Ebenda, Anlage 136.
[72] Ebenda, Anlage 126.
[73] Kaltenegger: Generalleutnant Harald von Hirschfeld. S. 131 ff.
[74] Soldaten für Hitler. Hrsg. Jürgen Engert. Reinbek bei Hamburg 1999. S. 96.
[75] Richter, Alfred: Kriegstagebuch. S. 217. [Militär- und Gebirgstruppenarchiv Kaltenegger].
[76] Ebenda, S. 227.
[77] Kaltenegger: Die Todesinseln des Ionischen Meeres. S. 120 ff.
[78] Richter: Kriegstagebuch. S. 214 ff.
[79] Kaltenegger: Die Todesinseln des Ionischen Meeres. S. 355 ff.
[80] Kaltenegger, Roland: Hauptmann Carl Rall. Vom Deutsch-Südwestafrikaner zum Ritterkreuzträger. Würzburg 2015. S.109 ff.
[81] Kaltenegger: Die Todesinseln des Ionischen Meeres. S. 120 ff.
[82] Richter: Kriegstagebuch. S. 221.
[83] Kaltenegger: Generalleutnant Harald von Hirschfeld. S. 138 f.
[84] Groth, Heinz: Die Rückzugskämpfe des Gebirgsjägerregiments 99 im Verband der 1. Gebirgsdivision im Raum Raab, Pinka, Lafnitz, Hochwechsel, Feistritz. [Militär- und Gebirgstruppenarchiv Kaltenegger]. Die Gebirgstruppe. 1979. H. 6, S. 10.
[85] Lanz: Gebirgsjäger. S. 281.
[86] Unter anderem durch die Auswertung des Kriegstagebuches des Kampfgruppenführers Groth und weiteren Dokumenten, die sich jetzt im Militär- und Gebirgstruppenarchiv Kaltenegger befinden.
[87] Lanz: Gebirgsjäger. S. 282.
[88] Ebenda, S. 286.
[89] Die Berichte des Oberkommandos der Wehrmacht. Bd. 5, S. 395.
[90] Kaltenegger: Die Stammdivision der deutschen Gebirgstruppe. S. 330 ff.
[91] Fleck-Brief vom 17. Januar 1982 an Roland Kaltenegger. S. 2.
[92] Kaltenegger, Roland: Titos Kriegsgefangene. Folterlager, Hungermärsche und Schauprozesse. Graz, Stuttgart 2001.
[93] Kaltenegger, Roland: SS-Sturmbannführer Albert Stenwedel. Von der Leibstandarte SS „Adolf Hitler“ zur 13. Waffen-Gebirgsdivision der SS „Handschar“. Würzburg 2015. S. 129 ff.

[94] Kaltenegger, Roland: Generalleutnant August Wittmann. Vom Gebirgsartilleristen zum Kommandeur der 1. Volksgebirgsdivision. Würzburg 2015.
[95] Die Berichte des Oberkommandos der Wehrmacht. Bd. 5, S. 445.
[96] Kaltenegger, Roland: Feldwebel der Reserve Georg Audenrieth. Vom „Bulgarenschreck" zum Ritterkreuzträger. Würzburg 2014.
[97] Kaltenegger: Titos Kriegsgefangene. S. 165 ff.
[98] Kriegstagebuch des Oberkommandos der Wehrmacht (Wehrmachtsführungsstab) 1940–1945. Bd. IV/2, S. 1151.
[99] Die Gebirgstruppe. 2000. H. 4, S. 10.
[100] Die Gebirgstruppe. 1991. H. 4. S. 68 f.
[101] Audenrieth-Brief vom 8. Februar 1994 an Roland Kaltenegger.
[102] Hilderose-Spindler-Brief vom 9. Januar 1990 an Roland Kaltenegger.
[103] Kaltenegger: Generalleutnant August Wittmann. S. 144 ff.
Kaltenegger: Major der Reserve Heinz Groth. S. 144 ff.
[104] Groth, Heinz: Tagebuch des Regimentsführers Gebirgsjägerregiment 99. A.a.O.
[105] Audenrieth-Brief vom 8. Februar 1994 an Roland Kaltenegger.
[106] Filbinger-Brief vom 13. Januar 1982 an Roland Kaltenegger.
[107] Kaltenegger: Feldwebel der Reserve Georg Audenrith. S. 143 ff.
Kaltenegger: Major der Reserve Heinz Groth. S. 134 ff.
[108] Richter-Brief vom 28. Dezember 1994 an Roland Kaltenegger.
[109] 1996 präsentierte das Salzburger Museum Carolino Augusteum erstmals in seinen Räumlichkeiten die eindrucksvolle Ausstellung „Meisterwerke der Weltkunst in Kopien von Alfred Richter".
[110] Kaltenegger: Die Todesinseln des Ionischen Meeres. 2. Auflage 2018.